2018年主持开封市社科联课题《基于GIS开封旅游公共服务设施建设研究》项目；2020年主持《郑汴洛黄河文化旅游带文旅资源空间演变特征与整合优化研究》，获优秀课题二等奖。主持国家级测绘地理信息技术专业教学资源库《专题地图编制》课程建设并结项。发表论文《基于GIS的郑汴洛文旅资源空间分布调查与协同发展策略》

旅游资源开发与管理研究

王双美　著

吉林人民出版社

图书在版编目(CIP)数据

旅游资源开发与管理研究/王双美著. -- 长春：
吉林人民出版社,2022.8
　　ISBN 978-7-206-19411-5

Ⅰ.①旅… Ⅱ.①王… Ⅲ.①旅游资源开发—研究②
旅游资源—资源管理—研究 Ⅳ.① F590.3

中国版本图书馆 CIP 数据核字 (2022) 第 157680 号

旅游资源开发与管理研究
LÜYOU ZIYUAN KAIFA YU GUANLI YANJIU

著　　者：王双美
责任编辑：门雄甲　　　　　　　　　　封面设计：吕荣华
吉林人民出版社出版 发行（长春市人民大街 7548 号） 邮政编码：130022
印　　刷：三河市华晨印务有限公司
开　　本：710mm×1000mm　　1/16
印　　张：10　　　　　　　　　　　字　　数：160 千字
标准书号：ISBN 978-7-206-19411-5
版　　次：2022 年 8 月第 1 版　　　　印　　次：2022 年 8 月第 1 次印刷
定　　价：68.00 元

如发现印装质量问题，影响阅读，请与印刷厂联系调换。

前　言

旅游资源是旅游业发展的基础，旅游景区是旅游业的核心要素和产业发展的增长点。旅游资源的开发是指对旅游资源进行计划性的整理、利用和改善，以期适应市场需求，提升旅游资源对游客的吸引力。在现阶段，关于旅游资源开发的理论主要包括地域分异理论、区位理论、旅游经济理论、市场理论、系统理论、可持续发展理论。在开发旅游资源时，应兼顾原有资源的保护和传承，而现阶段旅游资源的保护理论主要有可持续发展理论、"舞台真实"理论，等等。这些理论要求在旅游资源开发过程中注重对旅游资源原貌的保护，使旅游资源得以传承永续，实现开发与保护的双赢。

随着我国旅游业的快速发展，旅游资源的开发与管理思想也发生了相应的变化，本书从多个方面对相关内容进行了探讨，具有较强的可读性与指导性。

目录

第一章　绪论　1
  第一节　旅游资源概述　3
  第二节　旅游资源的分类与生成　17
  第三节　旅游资源与旅游业　32

第二章　旅游资源开发与规划　35
  第一节　旅游资源开发概述　37
  第二节　旅游资源开发的可行性分析与基本理论　52
  第三节　旅游规划的基础理论和方法　59

第三章　旅游资源调查与评价　73
  第一节　旅游资源调查　75
  第二节　旅游资源评价　83
  第三节　开封市旅游资源公共设施调查研究实例　96
  第四节　地理信息系统在旅游资源空间布局与优化发展中的应用研究——以河南省为例　103

第四章　旅游资源的管理　111
  第一节　旅游资源开发管理　113
  第二节　旅游资源质量管理　119

第五章　旅游资源有效管理与旅游业可持续发展　　127
　　第一节　旅游资源有效管理　　129
　　第二节　生态旅游与旅游资源保护　　134
　　第三节　郑汴洛旅游资源的整合优化实例研究　　143

参考文献　　149

第一章　绪论

第一节　旅游资源概述

一、旅游资源的概念及内涵

商品，或者说产品的原料是资源，资源是建立产业的基础。开发旅游产品、发展旅游产业时，需要我们正确认识旅游资源，尤其是要把握好旅游资源的内涵和外延。

（一）旅游资源的概念

资源是一个经济学概念，以前指的是来源于自然的生产、生活资料，如今指的是在人类社会和自然界里客观存在的生活或者生产资料。比如，人类社会中的资本资源、人力资源、政治资源、技术资源、文化资源，以及自然界中的森林资源、煤炭资源、土地资源、水力资源、石油资源等。这些资源都具有两个基本属性，即"基础性"与"有用性"。[1]

作为资源的一种，旅游资源是随着现代旅游活动和旅游产业发展而形成的全新概念，对旅游资源的认识随着对其的评价、调查以及开发、管理而不断深化，至今仍没有达成一致。旅游涉及多个学科，包括地理学、经济学、社会学、管理学等，每个学科都能从自身角度出发来解释旅游资源。中外学者对旅游资源定义的争议一直不断，存在各自的视角和侧重点。[2]

1. 原材料

从经济学的角度来看，旅游资源其实是一种原材料，它可以吸引人们前来观光、游玩。这些原材料既可以是客观存在的物质，又可以是非物质形态的。但是，它们并不是自带吸引力，而是需要通过开发来获得游客的青睐。这些具有旅游价值和功能，可以吸引游览者的自然、人文因素原材料，就是旅游资源。经济学将资源和景点看作两个不同的事物，其中，资源为原材料，而景点为吸引物。

---

[1] 潘仕梅，秦琴. 旅游资源规划与开发[M]. 广州：广东旅游出版社，2019：28.
[2] 潘仕梅，秦琴. 旅游资源规划与开发[M]. 广州：广东旅游出版社，2019：35.

2. 自然存在与文化遗产

从地理学角度来看，旅游资源是那些具有吸引力的自然和人文因素，即可以吸引游客参观的历史文化遗产、自然存在以及专门设计服务旅游的各种人工创造产物。也就是说，所有客观存在于某个地域空间的自然存在、社会现象或者历史文化遗产，只要其具备审美的价值，可以吸引游客进行参观，这样的事物便是旅游资源。

3. 事物与现象

有一种观点认为，所有处在自然界或者人类社会当中，可以吸引游客观光，可能被规划成旅游消费对象的因素的总和就是旅游资源。作为开放系统，旅游资源的核心为旅游产品，所有具备旅游开发潜力的存在，不管其是无形的还是有形的，都算是一种旅游资源。也就是说，存在旅游的价值、功能，能吸引游客的自然、人文因素的综合事物便是旅游资源。在这个观点中，旅游资源的内容包括所有存在旅游吸引力的事物以及现象。

4. 因素和条件

有观点认为，旅游业依靠旅游资源发展，而可以让人们萌生旅游的想法并付诸实践的种种因素的综合便是旅游资源；或者说，任何一种因素，如人文因素、自然因素，当其可以形成一个吸引旅游者目光的环境时，便构成了旅游资源；所有能够进行旅游开发的因素都是旅游资源。在这种观点中，旅游资源的内容得到了扩展，涉及各种存在旅游盈利的设施、事物等。[①]

5. 客体和劳务

旅游资源指的是所有能让人们进行观赏、游览、度假、探险、娱乐、研究、休息、疗养、消磨时间和相互交流的劳务与客体。

6. 旅游系统

在旅游者眼中，旅游资源就是旅游者最终到达的目的地以及和旅游相关的各种设施、服务；从旅游地视角来看，旅游资源就是客源市场。所以，旅游资源就是关于主体、客体、介体，也就是客源市场、旅游地资源和旅游服务、设施相互之间吸引力的总和。

---

① 胡书玲，牟晓娟. 以旅游规划为导向的旅游资源评价研究[J]. 当代经济，2012（8）：142-143.

第一章 绪论

7. 旅游吸引物

在国外,有一种观点,将旅游资源视为旅游吸引物,即能够对游客产生吸引力的旅游地所有因素的总和。比如:在英国,旅游局专门对旅游吸引物进行了分类,主要包括园艺、工厂、历史遗迹、蒸汽汽车、博物馆和美术馆、其他吸引物等。

通过上述这些定义,我们可以看出,旅游资源的外延多种多样,一些说的是"事物、活动、现象",一些说的是"旅游客体、主体和介体",还有一些说的是"自然存在、人工创造物和文化遗产"。但不管怎样,这些定义在描述旅游资源内涵时,基本上都涉及三个方面,即旅游资源的旅游吸引性、客观实在性以及综合效益性。

在《旅游资源分类、调查与评价》的分类系统里提到,能够吸引旅游者,处在自然界与人类社会当中,且能够被开发并用于旅游业发展,同时具有综合效益的各种因素与事物便是旅游资源。这个认定从前人定义的基础上出发,并将旅游资源提升到新的高度。一方面,旅游资源所指定的范围极其广泛,包括在一定条件下"自然界和人类社会中的各种事物与因素",实际上已经把现今地理圈中一切有形实体和相关环境囊括在内。另一方面,对旅游资源加以必要的限定,从而使其范围更加明确,首先必须吸引旅游者,即此处吸引的对象并不是个别人,而是整个旅游者群体;其次,"可以为旅游业开发、利用",也就是说,旅游资源必须为旅游活动、旅游产业所关注;最后,经过开发和利用的旅游资源,能够带来经济效益、环境效益与社会效益。[①]

产品以资源为原料,旅游资源则是指自然界和人类社会里所有可以对旅游者产生吸引力,且经过开发、利用后能够发挥经济、环境、社会效益的旅游产品,包括各种现象、活动与事物。所以,要将旅游产品作为前提,对旅游资源进行狭义与广义两个方面的深入理解。狭义的旅游资源就是指景区、景观产品原材料;而综合旅游产品,除了关键的景观产品,还包括旅游服务、商品和设施、设备等要素,由此所构成的便是广义的旅游资源,它的范围更加广泛,不仅包括旅游资源,还包括资本、社会、人力和技术资源。因为一定产业建立在一定的自然物质资源基础上,又需要一定的社会资源,如资本资源、人力资

---

① 中国标准出版社.旅游资源分类、调查与评价[M].北京:中国标准出版社,2003:42.

源、技术资源、组织资源等。

旅游吸引物也有着广阔的范围，它是旅游目的地中对游客产生吸引力的旅游休闲活动因素的总和。除了狭义的旅游资源，还包括旅游设施、其他设施，以及自然、人文环境。我国通常称之为旅游客体或旅游对象，西方国家通常称之为旅游吸引物。

（二）旅游资源的内涵

内涵与外延构成名词的概念。虽然旅游资源的外延十分宽泛，但旅游资源的内涵却相对明确。在这里，我们从旅游资源的存在形态和价值功能两个方面来理解其内涵。

1. 旅游资源是客观存在的（存在形态）

旅游资源的客观存在方面主要存在两个有争论的问题，其主要内容如下：一是物质与精神的争论，即旅游资源既有物质的、有形的，又有非物质的、无形的。旅游资源是有形的、客观存在的物质，如人文和自然旅游资源中的物质文化，这一点人们已形成共识。而对非物质的、无形的、精神的东西，如人文旅游资源中的民族风情、文学艺术等是否是旅游资源，学术界一直存在争议。在旅游资源中，自然界的山川丘陵、湖泊海洋、森林瀑布、动植物，还有人工创造出来的园林、文物等，都是物质的，是有形的客观实体，易被人们认同。但许多无形的、非物质的东西，如文化特征、民族品格、服务特色等，是与具体的人或人群联系在一起，并体现或依附在物质文化之中的，像许仙和白娘子的故事就与西湖断桥、镇江金山寺密不可分。它们是客观存在的精神文化，与物质文化一起构成人文旅游资源。人文旅游资源作为一种文化性旅游资源，包括文化的精神、制度和物质层次。在旅游开发活动中，将那些无形的精神旅游资源进行充分开发之后，既能丰富旅游内容，又能赋予客观存在的有形旅游产品以文化内涵，创造附加价值。二是自然与开发的争论，即旅游资源既包括未开发利用的，又包括已开发利用的。在旅游资源客体形成原因上，一直存在自然与开发的争论。一种观点认为，资源是指未经开发的自然物质条件，是生产生活资料的天然来源，因此，只有未经开发的旅游吸引物才是旅游资源。另一种观点认为，只有被开发过的旅游资源才会转变成旅游吸引物，也就是现实旅游资源，而旅游资源在尚未开发的阶段只能算是"潜在旅游资源"。事实上，没有经过开发、利用的,能对游客产生吸引力的客观实体或因素,只要起到"原材料"的作用,就可以被看作旅游资源;而人工创造物和旅游资源经过开发、利用之后,不但可以被视为加工产品,而且存在着继续开发的潜力,仍然可以视为旅游资源。

2.旅游资源是动态发展的(存在形态)

旅游资源作为一个开放系统,也是一个动态发展中的概念。随着社会的发展和科技的进步,人们对旅游的需求呈现出个性化、多样化的特征,促使旅游资源范畴越来越大。例如,逐渐兴起的保健旅游,内容包括参观中药材博物馆、访问百岁老人、森林浴等活动。而参与型的旅游活动,除了过去就存在的体验风俗、游泳、滑冰、冲浪等,还出现了滑草、滑沙等新型活动。另外,旅游活动除了常规的地面旅游,还延伸出空中和水中的旅游。例如,一些地方开展潜水观看海底世界、乘坐飞机俯瞰万里蓝天的活动,在不久的将来,或许还会出现登月旅游、太空旅游等超乎想象的新型旅游类型。专为旅游而兴建的人造乐园、微缩集锦式公园、蜡像馆,更是五花八门。特别是各种综合性大型游乐场和旅游景点,融合了先进的科技、丰富的文化与优美的环境,是人们度假、娱乐的不二之选。随着旅游资源的继续扩大,各种当下看来不存在旅游资源特性的因素与客体,将来都可能转变成旅游资源。

3.旅游资源富有旅游吸引力(价值功能)

自然或者人文资源是否能成功转变成旅游资源,取决于其是否具备足够大的旅游吸引力,能够实现旅游休闲功能,让旅游者享受到身体或精神上的愉悦。所以,旅游吸引力是判定旅游资源的重要依据,是旅游资源的核心价值与根本属性,主要体现在以下三点。

首先,旅游资源作为一种资源,是通过其旅游吸引力来展现自身基本属性的。旅游资源和其他资源一样,具有基础性与实用性,具体体现在其旅游吸引力上。游客正是因为被旅游地的某个对象所吸引,如适宜温暖的气候、千奇百怪的景象、壮丽辽阔的风光、质朴独特的民俗、名声远扬的古迹等,才选择前往旅游地游览。同样地,其基础性使旅游资源作为旅游产业最基本的资源而存在。不过,要特别注意,旅游资源吸引力并不是针对某个游客,而是针对整个游客群体来说的。

其次,旅游吸引力决定了旅游资源的范围。从外延看,旅游资源似乎包罗万象，事物、现象与活动皆可成为旅游资源，但世间万事万物在什么样的条件下才能被视为旅游资源呢？这就需要评价旅游事物的吸引力。一方面，旅游主体的需求和旅游吸引力息息相关。旅游者个性化的需求使得相同客体会对不同旅游者产生不同的吸引力。例如，浓郁的民俗风情、秀丽的自然山川，能够满足城市人返璞归真、回归自然的精神需求，对城市人有着强烈的吸引力；林立的高楼大厦能满足乡村人对现代化的精神需求，对乡村人有着强烈的吸引力。同理，东方人和西方人的旅游资源范围也是不同的。随着经济和社会的发展，人们精神需求的变化推动着旅游资源范围的改变。可见，旅游吸引力与旅游主体（旅游者）的需求密切相连，旅游资源的范围取决于旅游者的需求。另一方面，旅游资源的实用价值决定了其旅游吸引力，即能否满足旅游者审美、消闲和求知等方面的需要。在客观实体中，有的是自然界的鬼斧神工形成的，有的是人类的巧夺天工造就的，类型极为丰富；而无形的文化、思想和艺术更是多如繁星。但在这些内容中，只有能够被旅游行业开发、利用，且能够吸引游客、满足游客需求的才是真正的旅游资源。同理，关于劳务因素能否被看作旅游资源这个问题，也需要经过具体分析之后才能做出正确的结论，而不是一概而论。如果是导游、司机、管理人员等发挥媒介作用的劳务，由于他们对游客并不存在吸引力，所以无法纳入旅游资源范畴。然而，如果是赫赫有名的艺术家，他们的作品可以引起旅游者的关注，让旅游者的需求得到满足。例如，洱海边依山而建，外观犹如海面升起的半轮明月的月亮宫，便是由著名舞蹈艺术家杨丽萍捐献给大理政府的，洱海靠艺术家之名吸引了四面八方的游客。那么，他们的劳务就不是单纯的媒介，而是游客旅游的吸引性因素，便可以看作旅游资源。总之，要对各种客观实体或因素进行具体分析，只有那些对旅游者具有一定吸引力的内容才属于旅游资源。

最后，旅游吸引力决定了旅游资源的效益。能够取得的旅游资源效益取决于资源吸引功能的强弱，吸引功能强的旅游资源，能够吸引较多的游客，从而获得较大的经济、社会、环境效益，反之亦然。

4.旅游资源具有综合效益性（价值功能）

在充分开发、利用旅游资源之后，既可以获得可观的经济效益，又能得到一定的环境与社会效益。旅游资源的综合效益功能已得到绝大多数学者的认同，但一部分学者对旅游资源开发、利用后所产生的社会和环境效益存在疑问，并以一些旅游地日益暴露出来的社会文化和生态环境的负效应为证。这就是所谓的旅游资源的"三大效益"争论。其实，通过开发、利用旅游资源，能够实现三大效益的统一。旅游地的经济发展、社会进步和对外开放与旅游发展息息相关，旅游地必须营造健康、友好、益智的文化环境，从而有助于社会的进步与和谐发展。同时，为增强旅游地的吸引力，旅游地必须保护优美的环境，从而产生生态环境效益。

二、旅游资源的特征

我们要在把握旅游资源内涵与外延的前提下，对旅游资源特征进行更深层次的认识，就要不但发掘出旅游资源和其他资源之间存在的共性，而且了解到旅游资源自身具备的独特之处，尤其是各种类型旅游资源的特征。只有这样，才能让旅游资源得到有效应用，才能更好地保护和管理旅游资源，促进旅游业的健康发展。

（一）旅游资源的基本特征

作为基础的产业资源，旅游资源既存在资源共有的特性，如稀缺性、实用性、基础性、效益性等，又存在自身的特性。

1. 功能特征——吸引性

旅游资源的核心价值与其本质属性为旅游吸引性，根源于旅游资源作为资源的实用性和基础性特征。旅游资源之所以对旅游者产生吸引力，具有旅游吸引性，是由于旅游资源能够从不同方面满足旅游者的旅游休闲需要，具有实用价值。这里的实用价值主要表现在三个方面：一是有一定的审美价值，可以在审美方面满足旅游者的需求；二是具有娱乐、保健、度假的价值，可以让旅游者在游玩过程中享受到精神上的愉悦，或者进行身体修养，满足休闲的需求；三是有艺术、科技、探险、文化等价值，旅游者可以求知的需求。其中，对旅游资源吸引力有着决定性影响的因素包括旅游资源外部条件、旅游者的具体需求、旅游资源实用价值以及旅游动机。由此可见，判断旅游资源的标准就是是否能实现旅游者需求、具有旅游吸引力以及存在实用价值。凡是具备旅游吸引性的因素，无论是自然存在、人类创造，还是社会现象、社会事件、社会活动，都可以纳入旅游资源范畴。这也是西方旅游界通常使用旅游吸引物来指代旅游资源这一概念的原因。

2. 空间特征——广泛性、区域性、固定性

（1）广泛性。由于旅游者旅游休闲需求的多样性，旅游资源的类型十分丰富，在地域分布上也十分广泛，不同的地理圈层、地理区域都分布着旅游资源。旅游资源在陆地上存在着巍峨耸立的群山与富含文化内涵的遗迹，在水中有着各种各样的海洋生物，在天空中有瞬息万变的天象、气象，在地下存在着四通八达的溶洞和流向神秘的河流；在山区有悄然盛开的桃花，在乡村有美丽的田园，在城市有充满科技感的高楼大厦，在极地有无尽的冰川，在赤道有茂密的雨林。从本质上讲，地球上的每一个圈层和区域都存在旅游资源，只是时空分布结构不同而已。

（2）区域性。旅游资源作为地理环境的组成部分，其存在与形成受到地理环境的制约，因而具备区域性特征。每个区域的旅游资源都具有独特之处，引导着旅游者产生空间流动；如果某个地区的人文或自然景象对旅游者有较大的吸引力，这里的人文或者自然景象就成为旅游资源。其中，自然资源的地带性差异十分明显，如热带的雨林、沙漠的驼铃、高山的冰雪等，都和当地的地理环境息息相关。人文资源则具有显著的地域性与民族性特点，因为人们为了生存与发展，便顺应自然、适应自然，进而改造自然，创造出民族文化、地域文化。例如，在民居建筑中，华北地区的四合院、牧区的帐篷与毡房、黄土高原的窑洞、西南地区的竹楼等，都与自然环境的区域差异密切相关。

（3）固定性。在其他产业，一般是资源及其产品移动去就消费者，旅游行业则是消费者移动去就旅游资源及其产品。尽管某些旅游资源可以移动，甚至可以仿造，但价值就会大打折扣，其个性、内涵以及吸引力也就会消失或大大降低。例如，把秦兵马俑运到外地去展出，脱离当地环境，人们就难以感受到两千年前秦军的兵强马壮、气势磅礴。许多仿造的旅游景观，尽管应用了高超的技术，甚至做到了以假乱真，但它们仍然不可能与真情实景相提并论，因为在旅游者的心目中，它们毕竟不是原物，旅游的文化氛围自然不如原地、原物那么浓厚。因此，旅游资源的开发、利用一般应在当地进行，即旅游基本上是旅游者移动到旅游资源或旅游产品地的活动，而不是把旅游资源运到其他地方再加工、利用。事实上，有不少旅游资源也难以迁移，如风景名胜区、遗址遗迹、森林雪山、海洋湖泊等。

3.时间特征——节律性、动态性

（1）节律性。旅游资源具有季节性，其景物会根据季节变化而变化，且对旅游活动和旅游流产生一定影响，特别是民俗和自然旅游资源，季节性特点十分显著。旅游资源的季节性主要由于自然地理条件差异和气候变化，除此之外，还有人为因素。首先，一些自然景色只存在于特定的某个季节或者时间中。比如，4月中旬是观赏洛阳牡丹花的最佳时间，夏季多雨的时候才能看到黄山的瀑布云海，而只有在冬季，吉林才会出现如梦如幻的树挂景象。其次，同一个景象会在不同的季节中展现出其独特的一面。例如，桂林龙胜县的龙脊梯田从山脚盘绕到山顶，小山如螺，大山似塔，层层叠叠，高低错落。春如层层银带，夏滚道道绿波，秋叠座座金塔，冬似群龙戏水，春、夏、秋、冬各有特色。事实上，人们在为景物命名时，经常会融入气候变化的因素，如在西湖十景中，有苏堤春晓、平湖秋月、断桥残雪等。最后，民俗风情资源具有季节性的循环往复，如春节、端午节、中秋节等。此外，由于人类社会活动的节律性决定了人们出外旅游所被允许的时间，所以影响到旅游资源的季节性。旅游因其季节性特征，有着"淡季""旺季""平季"，如在西北地区，呼和浩特只有8月是"旺季"；而东部地区处于季风气候区，因此，春天和秋天最适合旅游；哈尔滨的冰灯、潍坊的风筝会、洛阳的牡丹花会等会在特定时期引起突发的旅游高峰。

（2）动态性。旅游资源是一个开放的系统和动态的概念，当旅游者的需求发生变化时，其就会随之发生改变。旅游资源在不同历史时期和文明条件下往往有着不同的含义。而现代旅游业的发展呈现出动态化的特征，由于受到自然和社会因素的影响，过去火热的旅游资源可能不再受游客喜爱，原来不是旅游资源的客体，今天也可能成为旅游资源。

4.类型特征——多样性、综合性

（1）多样性。旅游资源的类型十分丰富，从自然到人文、从物质到精神、从事物到人类、从物体与事件到现象与活动，世间万事万物，只要存在对旅游者的吸引力，就可以视为旅游资源。

事实上，旅游者对休闲旅游需求的变化使得旅游资源类型呈现不断增长的趋势。

（2）综合性。尽管旅游资源分布广泛，但一定地域存在各种各样的旅游资源，它们相互依存、相互作用，共同组合成一个有机整体，发挥着旅游休闲价

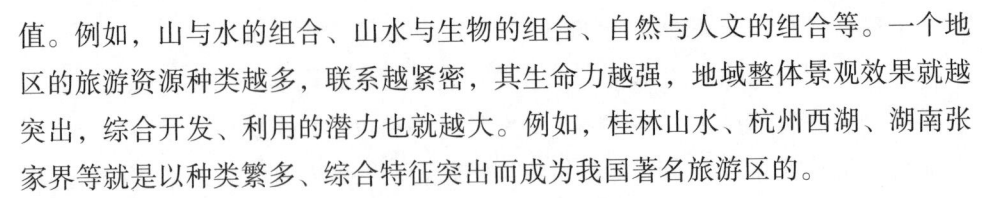

值。例如，山与水的组合、山水与生物的组合、自然与人文的组合等。一个地区的旅游资源种类越多，联系越紧密，其生命力越强，地域整体景观效果就越突出，综合开发、利用的潜力也就越大。例如，桂林山水、杭州西湖、湖南张家界等就是以种类繁多、综合特征突出而成为我国著名旅游区的。

5.经济特征——价值的不确定性、利用的永续性

（1）价值的不确定性。采取科学的方式开发和利用的旅游资源能够产生经济、环境与社会效益，其价值无法单纯用数字来计算。很多资源都可以粗略计算出其价值，如铁矿资源的价值可以依据其开采条件、探明储量、品质、可采储量等来计算，但是，一个风景点的价值是无法被量化成具体价值的。之所以会出现这种不确定性，就是因为人类的审美需求、开发能力、认识水平、宣传手段、市场需求、发现时间等对其具有影响。比如，生活在张家界景区的人，对本地的山雾朦胧司空见惯，然而外地人来到这里，却会被仙雾缭绕的崇山峻岭所震撼，认为这里的旅游资源价值极高；再如，在很多人看来，山山水水不足为奇，然而对于具备专业地理知识、抱着地理目的旅游的游客来说，却是不可多得的研究内容。因此，人们个性化的旅游需求使得旅游资源的价值评估角度多样。除此之外，对资源的开发方式和利用方式也会对旅游资源价值产生影响。例如，湖泊作为自然保护区存在，和其作为度假、观光、疗养之地而存在，有着巨大的经济差异。所以，旅游资源的价值存在于特定的开发条件、时间、开发方式以及游客市场中。

（2）利用的永续性。有些资源，如矿产、石油资源等，会随着使用被消耗掉，而森林资源，需要通过栽培、饲养、繁殖等来补充。但是，对旅游资源的使用，一般情况下是不会出现消耗的，旅游者可以尽情地在旅游活动中享受旅游资源为自己带来的身体和心灵的愉悦。例如：游客无法带走滑冰、观光、登山、疗养等相关的旅游资源，但却能得到这些旅游资源带给其感受。所以，旅游业具有投资小、收益大、见效快的特点。然而，旅游资源不仅具有永续性，还存在不可再生性。虽然旅游资源并不会被消耗殆尽，但如果采取了错误的利用方式，就可能导致资源质量降低，甚至直接对资源产生破坏，而不论是自然界的天然景观，还是人文社会中的历史遗存，当它们被破坏之后，就极难甚至无法恢复了。即便能够恢复，也永远无法还原以往的面貌了。因此，不仅要选对旅游资源开发的方式，更要加强对旅游资源的保护。

6. 文化特征——美学性、知识性

（1）美学性。凡是旅游资源，必有美学特征，富有观赏性，具有旅游吸引力，从而与一般资源区别开来。其中，自然旅游资源具有自然美，人文旅游资源具有社会美、科技美和艺术美。例如，中国山水的美学风格包括雄伟壮观（如泰山与黄果树瀑布）、惊险峻奇（如华山、庐山）、奇异独特（如黄山、九寨沟）、柔美秀丽（如桂林山水、西湖）、幽深寂静（如青城山、武夷山九曲溪）、旷远宏大（如黄河、长江），从而形成了优美的山水审美文化。

尽管旅游动机因人而异，旅游内容丰富多彩，但观赏活动几乎出现在所有旅游过程里，甚至是旅游活动的核心所在。所以，旅游资源的美学特征越突出时，其观赏性就越强，知名度便越高，旅游吸引力也就越大。

（2）知识性。旅游资源具有知识内涵，其中蕴含着科学道理、技术原理，包含艺术特征、文化传统等，所以旅游活动可以看成一种文化之间相互学习、交流的活动。人们在参与、观光和体验的过程中，学习各种各样的知识，感受到美的熏陶，既能提高自己的审美水平，又能开阔视野，扩宽知识面。例如，在游览科学馆的过程中，既可以看到各种各样神奇的物理、化学反应，又能了解到专业的科学知识，满足人们探索奥秘的需求；在游览石窟时，不仅能够欣赏造型生动的雕刻，还能了解古代的文化艺术知识；在游览历史博物馆时，人们能够回顾、了解历史。幽静的密林、蜿蜒的山脉、高耸的山峰、平静的湖面等自然风光，不但让人们体验到自然之美，而且具有一定的科学哲理，能激发人们的思维。旅游资源中的文化内涵是其吸引力的重要组成部分，但旅游者只有具备一定的文化修养或者具备相应条件之后，才能体会到其中的奥妙。文化素养与精神境界的高低，直接影响到旅游者对观赏对象文化内涵的认识水平。这正是某些文化内涵深刻的观赏对象反而无法引起某些旅游者兴趣的重要原因。所以，在开发旅游资源时，一定要对旅游资源的文化内涵进行深入的了解和研究，使用恰当的方式展现文化内涵，吸引游客前来游览。

（二）自然旅游资源的基本特征

作为自然界的产物，自然旅游资源不仅具备旅游资源的共性，还有一定的独特之处。

1. 天然性（形成）

在大自然作用之下所产生的自然旅游资源，会在自然规律和因素的制约

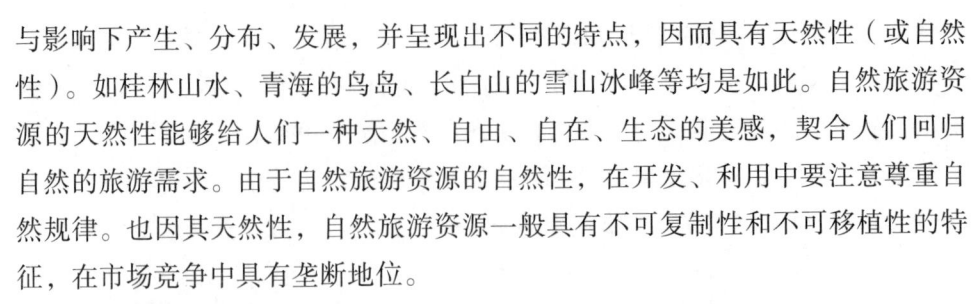

与影响下产生、分布、发展，并呈现出不同的特点，因而具有天然性（或自然性）。如桂林山水、青海的鸟岛、长白山的雪山冰峰等均是如此。自然旅游资源的天然性能够给人们一种天然、自由、自在、生态的美感，契合人们回归自然的旅游需求。由于自然旅游资源的自然性，在开发、利用中要注意尊重自然规律。也因其天然性，自然旅游资源一般具有不可复制性和不可移植性的特征，在市场竞争中具有垄断地位。

2. 生态性（状态）

在自然界中，所有的组成要素共同形成平衡且动态变化的系统，各要素之间相互依存、相互制约、相互联系，并构成了整个生态系统。如果某一环出现了变化，就会牵动其他要素乃至整个系统。作为自然界的组成部分，自然旅游资源与其环境形成生态平衡。例如：岩洞资源与周围的地质、水系互相依赖，水系与地表植被互相依赖，植被又与动物（包括人类）活动互相依赖，共同形成生态平衡。倘若不遵循生态规律来开发和利用自然旅游资源，就会对资源造成破坏，甚至波及整个生态环境，旅游资源也将受到巨大影响。

3. 地带性（分布）

在自然旅游资源当中，气候对植物、水体和动物有着重要影响，动植物的分布情况、类型以及特征从赤道到极地呈现出有规律的变化。另外，地下水和地表水也因气候有着分布和数量上的差异，这使得不同的水平地带具有不同的景观。比如，在高山地区，海拔不同导致气候垂直变化显著，生物景观也因所处海拔不同而具有垂直分带的特征。虽然地质地貌受地带性因素影响较小，但由于气候影响下的水力、风化等外营力的分布具有地带性的特点，因而地貌的外部形态也打上了地带性的烙印，形成了所谓的气候地貌。例如：在寒带气候条件下，冰川、冰缘地貌发育，有些地方的湖泊、泥潭、沼泽较多，河流作用很弱；在温带湿润、半湿润气候区，降水稍多，流水作用较强，河流地貌普遍，湖泊、沼泽较多；在干旱、半干旱地区，降水少，风力作用较强，风沙地貌较多；热带气候区由于具有较强的水力作用与化学风化作用，因而多见河谷景观。

4. 变化性（时间）

由于气候与气象、时间和空间等因素的影响，自然旅游景观常常呈现季节性、周期性的变化。首先，在一日之内变化。例如：清晨赏日出，傍晚观日落；在山区，由于多重因素影响，在同一天的山脚和山顶，既能看到烟雨朦胧，又能看到阳光灿烂；在园林，清晨可见露珠滚动、草木摇曳，傍晚可见月牙弯弯、树影婆娑。一些造型地貌会因为太阳所处方位不同而展现独特的形态，如雁荡山在白日有一座合掌峰；到了黑夜，这座山峰又变换为夫妻峰。其次，在不同季节变化。例如：在我国淮河—秦岭以北大部分地区，夏季植被生长旺盛，草木葱绿，山清水秀，鸟语花香；冬季气温降低，千里雪飘，河湖封冻，是观赏北国风光、林海雪原的大好季节；吉林的树挂只能在入冬时才出现，北京香山及南京栖霞山的红叶在深秋才能看到。有些景观甚至只能出现在特定的时间。例如：钱塘江大潮的最佳观赏时间是每年农历八月十六至十八，过了这段时间，潮水就会退潮。此外，自然界中许多景物变化还有随机的特点，如海市蜃楼、北极光，等。

由于自然景观的周期性和季节性变化，以及时限性的影响，自然旅游资源的吸引力也不断变化，出现了旅游的旺季和淡季。掌握这个规律，调整旅游活动内容，制定不同季节的旅游价格，做到淡季不淡，是旅游开发者应该重视的问题。

（三）人文旅游资源的基本特征

人们在社会活动中创造出了"人文旅游资源"，它既具有旅游资源共性，又有着独特的人文特性。

1. 人为性（形成）

与大自然创造的自然资源相比，人文旅游资源的创造者是不同时代的人，具有人为性。它是人类在发展过程中经历的各种社会活动，如生产劳动、文化艺术、科学探索等的结晶。所以，人文旅游资源日后还可以不断地创造与更新。虽然人文旅游资源的形成与人的活动息息相关，但大部分人文景观建立在自然环境的基础之上，是将自然环境作为依托，发挥主观能动性创造的和自然之美相得益彰的人工之美。自然与人文的完美融合衬托出人文景观独特的美感，如北京的颐和园、杭州的西湖风景区等皆是如此，因此，新建人文景观要注意与自然环境的协调统一。

2. 民族性、地域性（分布）

人类文化体现了人类对自然、社会和自身的改造，构成人文旅游资源。人类文化的创造离不开地理环境的制约和民族性格的影响，这样人文旅游资源就打上了地域与民族的烙印，在民俗风情、历史文化乃至现代文明等方面存在

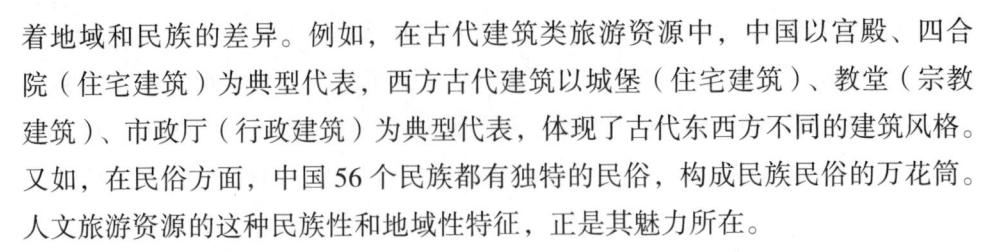

着地域和民族的差异。例如，在古代建筑类旅游资源中，中国以宫殿、四合院（住宅建筑）为典型代表，西方古代建筑以城堡（住宅建筑）、教堂（宗教建筑）、市政厅（行政建筑）为典型代表，体现了古代东西方不同的建筑风格。又如，在民俗方面，中国56个民族都有独特的民俗，构成民族民俗的万花筒。人文旅游资源的这种民族性和地域性特征，正是其魅力所在。

3. 时代性（时间）

社会历史对人文旅游资源有着重要影响。在每一个历史阶段，每个民族和国家由于具有不同的生产力水平、思想观点、科学技术和审美等，因此，在建造人文景观时会形成不同的风格。从历史中留存至今的各种古代文物、建筑、园林、遗迹上，我们可以看出当时大概的经济水平和思想意识状况。例如，半坡村遗址反映了原始母系氏族社会的生产、生活情况；北京故宫则反映了明清封建社会的建筑特色。

4. 精神性（内涵）

虽然自然旅游资源的天然不加修饰让人们感受到独特的美，但是它们终究没有丰富、深厚的精神内容，如艺术、思想等，而人文旅游资源，蕴含着人类的思想，精神性极强。精神文化可以由物质实体承载着，将物质载体和精神文化熔为一炉，如：壁画、民居、服饰、陵墓、园林等；也可以是纯粹的精神文化，如传说、诗词、民俗、历史故事等。精神内容和其物质载体，一个无形，一个有形，两者相互融合、相辅相成，从而形成了极具魅力的旅游资源。所以，在开发、利用人文旅游资源时，既要重视保护与展示有形物质，又要挖掘精神文化内涵。

5. 阶级性、阶层性（层次）

人类社会存在着不同的阶级、阶层，而这些也在人类创造的文化上有所体现，反映了不同阶层人们的心声。例如，我国古代建筑在这一点上就体现得十分明显，宫廷建筑、官式建筑（宫殿、苑、陵寝、学官、府第、寺庙）雄伟壮丽，文人建筑（居室、书院）淡雅含蓄，民间建筑（民居）经济实用、讲究风水，具有地方特色和民族风格。

第二节 旅游资源的分类与生成

一、旅游资源分类

(一) 分类的概念与意义

1. 分类的概念

在对事物进行认识时,往往始于事物的分类特征。分类,指的是根据事物展现出的不同特点进行归类。首先,要将事物之间相同与不同之处进行比较;其次,将相同点归成一个大类,并根据不同之处划分小类;最后,形成一个内部各要素之间存在从属关系、有不同等级的系统。

在对旅游资源进行分类时,使用的也是相同的分类方式。划分出的每一个旅游大类,各类的属性都存在相同之处,而不同类别之间存在一定的差异性。比如,从成因的角度出发,旅游资源主要有两个大类,分别为自然旅游资源与人文旅游资源。其中,大自然中天然存在的就是自然旅游资源,而由人类社会创造出来的便是人文旅游资源,两者显然有着不同的成因。而这两个大类也可以从其内部元素的差异出发,划分出更次一级的类型,并以此类推,最终形成一个存在从属关系的不同等级的系统。

2. 分类的意义

科学分类事物是对事物进行基础研究。通过开展旅游资源分级分类工作,既能加深人们对旅游资源的认识,又能更好地开展对旅游资源的开发和管理工作。除此之外,对旅游资源的分级分类还具有理论上与实践上的意义。

一方面,通过分级分类,人们可以更深入地了解旅游资源的属性、成因、系统组成、价值功能等。通过分析大量旅游资源的共性和个性,分出不同级别的从属关系和类型关系,可以形成旅游资源分级分类系统。随着资料的丰富,新分类系统的出现,或者采取要求不同、地区不同的旅游资源分级分类方式,可以从更多的角度了解和认识旅游资源的属性,总结出有规律性的结论,提升理论水平。

另一方面,旅游资源内容繁杂,而在经过分级分类之后,其就会变得系化、条理化和信息化，方便管理、研究、保护、利用工作的进行。每个旅游资源的特点都有所不同，在比较、归纳与划分之后，可以构成多个旅游资源分级分类系统，最终形成一个旅游资源资料信息存储系统，能够帮助人们更好地从整体或者具体门类上加深对旅游资源的认识。建立区域性的旅游资源分级分类系统，能够让区域的旅游开发工作更加科学、合理，有着重要的实践意义。

由此可见，通过对旅游资源的分级分类，可以建立和完善分类系统，加深人们对旅游资源与区域旅游资源属性的认识，使人们得以了解旅游资源的系统组成、成因以及功能价值，有利于旅游资源开发、管理、研究、保护的进行。

（二）分类的原则与标准

1. 分类原则

为了保证分类的实用性和科学性，分类工作要在遵循分类原则的前提下进行。旅游资源分类主要遵循以下五个原则。

（1）相似性和差异性原则。该原则也被称为共轭性与排他性原则，也就是划分出的相同类型和级别的旅游资源，必须存在共同属性，而各类型之间应该存在差异性，不可将没有共同属性的旅游资源归到一类中。

（2）对应性原则。在对旅游资源进行划分时，必须对应上级旅游资源类型内容来划分次一级的旅游资源类型内容，不可出现下级内容比上级内容多或者少的情况，这会导致逻辑上的错误。比如，在对地质地貌旅游资源进行次级分类时，要将所有地质地貌旅游资源包括在内，不可遗落地貌旅游资源或者地质旅游资源，更不能包括非地质地貌旅游资源。

（3）递次性原则。该原则也被称为分级和分类相结合原则。作为一个复杂系统，旅游资源有许多不同层次和不同等级的亚系统。所以，必须结合分级与分类标准进行逐级分类，不可越级划分，以免出现逻辑性错误。比如，先将旅游资源分成两个大类，即自然旅游资源与人文旅游资源，然后再划分次一级类型。如果有需要的话，还可以再向下划分更次一级类型。

（4）标准区别与统一原则。其主要内容如下：可以在划分不同系列或者级别的类型时采取不同的标准，但不能在划分不同级别类型时采取相同标准；在对一个类型直接划分次一级的类型时，必须采用相同的标准，否则就会出现分类重叠的现象。

（5）简明实用原则。旅游资源分级分类不仅是对旅游资源认识研究的需要，还是旅游产业发展的需要。因此，旅游资源的分级分类要具有简明性、实用性、可操作性。

2. 分类标准

对旅游资源的分级分类，要按照相关的具体标准，也就是必须先确定旅游资源的属性或者关系，再进行分类。旅游资源往往具备多方面的关系和属性，分类的标准也各有不同，人们可以从需求出发，选择合适的分类标准。一般采用的分类标准有以下五种。

（1）成因。根据旅游资源形成的原因和过程分类。比如，自然界中天然存在的是自然资源，人为制造的则是人文旅游资源；地貌旅游资源按成因可分成溶蚀作用旅游地貌、流水作用旅游地貌等。

（2）属性。按照旅游资源存在的状态、形式以及性质分类。例如，自然旅游资源里，根据状态不同，可以分成气候旅游资源、生物旅游资源、地质地貌旅游资源等。

（3）功能。根据旅游活动的作用分类。例如，根据旅游资源具有的功能，可以分成参与体验型、观光游览型等。

（4）时间。按照旅游资源的形成时间分类。例如，根据建造时间不同，建筑旅游资源可以细分为古代建筑、现代建筑等。

（5）其他。除了上述的标准，还可以将旅游资源质量、开发利用的情况等作为分类标准进行分类。

3. 分类的步骤与方法

在具体的旅游资源开发、管理和保护工作中，往往需要先对旅游资源进行资料收集，之后采取下述步骤进行分类。

（1）明确分类要求与目的，是要采取普通的资源分类方法，还是根据一定的目的进行专门的旅游资源分类，借鉴一般分类的原则和标准，和实际情况相结合，选择合适的分类原则和分类标准。

（2）以比较、分析的方式形成基础的分类系统，同时采取逐级归并与逐级划分的方式归纳旅游资源。其中，逐级划分就是从上到下进行分类。先将旅游资源视为一个整体，之后根据标准规定的相似性与差异性，划分大类，也就是也确定高一级的类型，然后再向下细分。逐级归并就是从下向上进行分类，也就是从具体某个旅游资源个体出发，根据标准，先将相同类目归并成最小的类型，之后再从相似性与差异性上一步步归并出大类。

（3）通过补充、调整，完善分类系统。在初步分类、建立分类系统的基础上，再自上而下或自下而上逐级对比、分析：是否符合分类原则和目的要求？所采用的标准是否恰当？分类系统是否包含了所有应划分的分类对象？如有不妥之处，应进行补充、调整，最后形成符合目的与要求的科学的分类系统。

（4）在上述工作结束之后，添加简要说明，说明内容要涵盖此次分类的目的、要求，采取的原则和标准，以及最终的分类结果等。

（5）使用计算机建立相关的旅游资源信息系统，整合旅游资源分类成果，便于以后调整和补充。

（三）旅游资源的类别的具体划分

旅游资源的含义是广泛的，其内容也是十分丰富的。为了更好地认识旅游资源，就必须将旅游资源分类。而旅游资源分类指的就是根据资源之间的相同与不同之处，按照特定的要求或者目的进行归并或划分出具有一定从属关系的不同等级类别的工作过程。

从传统旅游资源角度来看，我国旅游资源的种类有自然景观资源、人文景观资源、文化资源、传统饮食资源等；从现代旅游产业资源角度来看，我国旅游资源可以分成观光型旅游资源、生态型旅游资源、专项旅游资源、度假型旅游资源、特种旅游资源等。

由于旅游资源存在不同的成因和属性，学术界据此把旅游资源分成了两个大类，即自然旅游资源与人文旅游资源。其中，各种自然地理要素，如气候、地貌、动植物、水体构成等可以对人们产生旅游吸引力的天然景观是自然旅游资源；而人类社会活动所造就的各种类型的成就和艺术结晶，如建筑、历史遗迹、民俗等，为人文旅游资源。还有一种分类方式分成了三个类型，除了这两个大类，还增加了复合型旅游资源。

以下就主要的分类方法进行详细介绍。

1. 按旅游资源基本属性分类

当前，最常见的分类方法就是根据旅游资源基本属性进行具体分类。一般来讲，这种方法是将旅游资源分为自然旅游资源和人文旅游资源两大类。但是，随着社会旅游资源在现代旅游业发展中的作用越来越重要，以及人们对它的进一步认识，有一些学者认为，应将社会旅游资源从人文旅游资源中分离出来。这样一来，便形成了旅游资源的三分法，即将旅游资源分为自然旅游资源、人文旅游资源和社会旅游资源。

（1）旅游资源的两分法。旅游资源两分法是一种传统的分类方法，它是将所有的旅游资源划分为自然旅游资源和人文旅游资源两大类，再根据其组合要素进一步细分，分出不同的基本类型。典型的划分方法如中国科学院地理研究所出版的《中国旅游资源普查分类表》。在此分类表里，旅游资源共有2个大类，细分为8个类型，108个类目。8个类型如下：①地表类；②水体类；③生物类；④气候与天象类；⑤历史类；⑥近现代类；⑦文化、游乐、体育胜地类；⑧风情类（表1-1）。

表1-1　中国旅游资源普查分类表

大类	编码	基本类型	大类	编码	基本类型
地表类	101	典型地质构造	水体类	201	湖泊风光
	102	标准地层剖面		202	瀑布风光
	103	古生物化石点		203	名泉风光
	104	自然灾变遗迹		204	风景河段
	105	观赏岩洞		205	漂流河段
	106	名山风光		206	冰川风景
	107	峡谷风光		207	浪潮景观
	108	峰林景观		208	景观海域
	109	石林风景	生物类	301	森林风光
	110	森林风景		302	草原风光
	111	丹霞景观		303	古树名木
	112	火山风光		304	珍稀植物群落
	113	黄土景观		305	特殊物候景观

续表

大类	编码	基本类型	大类	编码	基本类型
地表类	114	沙漠景观	生物类	306	野生动植物群落
	115	戈壁景观		307	典型自然生态景观
	116	风蚀风光	气候与天象类	401	避暑胜地
	117	海蚀风光		402	避寒胜地
	118	沙滩景观		403	云霞景观
	119	岛屿风光		404	雾海胜景
	120	其他类目		405	冰雪风景
历史类	501	古人类遗迹		406	树挂奇观
	502	古城遗址		407	天象胜景
	503	古工矿遗址	近现代类	601	地方标志建筑
	504	古作坊遗址		602	地方代表性建筑
	505	历史交通贸易遗址		603	现代城市风貌
	506	历代军事遗址		604	工矿设施
	507	历史纪念地		605	水电工程
	508	名人故里		606	车站
	509	古墓葬		607	港口
	510	帝王陵寝		608	桥梁
	511	古代水利工程		609	其他水利交通设施
	512	古桥梁		610	农、林场
	513	古代文化、科学、教育遗址		611	养殖场
	514	古代宫殿建筑		612	农林业试验基地
	515	古园林		613	科教设施

续 表

大类	编码	基本类型	大类	编码	基本类型
历史类	516	古代宗教建筑	近现代类	614	社会福利设施
	517	独立古塔或塔林		615	休疗养设施
	518	历史祭祀建筑		616	城市著名雕塑
	519	石窟造像		617	纪念陵园
	520	摩崖石刻		618	名人故居
	521	岩画		619	名人陵寝墓地
	522	古宅院		620	其他纪念性建筑
	523	古衙署		621	仿古建筑
	524	传统街区	文化、旅游、体育类	701	动物园
	525	古城镇		702	植物园
	526	其他古代建筑		703	其他类型公园
风情类	801	特色城镇		704	游乐场所
	802	商业闹市街区		705	狩猎场
	803	民俗街区		706	文化设施
	804	购物中心		707	著名体育运动场馆
	805	乡土建筑			
	806	典型民族村寨			
	807	城乡盛会			
	808	节庆活动			
	809	民间艺术			
	810	地方特产			
	811	名菜名肴			
	812	特殊医疗			

（2）旅游资源的三分法。旅游资源的三分法是将旅游资源分为自然旅游资源、人文旅游资源和社会旅游资源。自然旅游资源主要突出物质的物理特征，涵盖的都是可以观赏到的客观存在，尤其是会触动人在知觉和感觉上的感受的客观存在；人文资源注重以形写神，强调历史特性，将动态历史以静态的形式加以展现，描绘的是一种感性形象，可以展现出历史文化蕴含的神韵；社会旅游资源则是将人作为载体的社会现实，主要展现心理特征，注重触动人的心理。其主要内容如下。

①自然旅游资源。例如，地质旅游资源、水文旅游资源、地貌旅游资源、太空旅游资源、气候旅游资源、生物旅游资源。

②人文旅游资源。例如，历史文化名城旅游资源、交通旅游资源、古迹旅游资源、建筑与园林旅游资源、文学艺术旅游资源。

③社会旅游资源。例如，购物旅游资源、民俗风情旅游资源、体育保健旅游资源、城市景观旅游资源、会议旅游资源、商务旅游资源、娱乐旅游资源。

2. 按旅游活动的性质分类

从所开展旅游活动的性质来看，旅游资源可分为运动型旅游资源、娱乐型旅游资源、观赏型旅游资源、休养型旅游资源和特殊型旅游资源，特殊型旅游资源包括存在可靠价值的旅游资源等。1974年，科波克依据旅游活动的性质并考虑海拔高度等因素对英国旅游资源进行了细致的分类，具体情况如下。

（1）供陆地活动的旅游资源。

①靠近乡间小路400米之内，可以进行篷车旅游、野餐、露营的旅游资源。

②海拔在300米以上，开辟了行车道、步行道以及驰道的高地，为骑马旅游资源。

③海拔在450米以上，建设了行车道、步行道以及驰道的高地，为散步及远足旅游资源。

④具有狩猎价值的区域，为狩猎旅游资源。

⑤存在30米以上高差的断崖，为攀岩旅游资源。

⑥持续雪期长达3个月以上，有效高差在280米之上的区域，为滑雪旅游资源。

（2）以水体为基础的旅游资源

①面积超过 5 公顷，宽度在 8 米以上，没有被污染的运河、河流、溪谷等，为内陆钓鱼水域旅游资源。

②面积超过 20 公顷，或者有 200 米以上的宽度和 1000 米以上长度的没有被污染的水域，为其他水上活动水域旅游资源。

③与乡间小路的距离不超过 400 米，没有被污染且能够进行一般水上活动的区域，为靠近乡间道路水域旅游资源。

④位于海岸边，能够提供水上运动条件的水域，为适于海上活动的海洋近岸水域旅游资源。

⑤与乡间小路距离不超过 400 米，存在岩石滩或者沙滩地区，为适于海岸活动的靠近乡间道路地带。

（3）供欣赏风景的旅游资源（以绝对高差与相对高差分类）

①海拔高度低于 150 米，为低地。

②海拔高度超过 150 米，但低于 450 米，且相对高差不超过 120 米，为平缓的乡野。

③海拔高度超过 150 米，但低于 450 米，且相对高差超过 120 米；或者海拔高度超过 150 米，但低于 350 米，且相对高差高于 120 米、低于 250 米的地区，为高原山地。

④海拔高度超过 600 米，相对高差在 120～250 米之间；或海拔高度在 450～600 米之间，相对高差超过 150 米，为低矮的山丘。

⑤海拔高度在 600 米以上，相对高差超过 250 米，为高大的山丘。

3. 按旅游资源的吸引级别分类

根据旅游资源的质量以及吸引级别，具体可分为以下三类。

（1）国家级旅游资源。此类资源的科学考察价值、游览观赏价值以及历史人文价值都极高，对旅游者的吸引力极强，属于全球闻名的经典景区，客源市场包括国内和国外两个市场。国务院曾于 1982 年、1988 年、1994 年审批通过了 44 处、40 处和 35 处国家级风景名胜区。其中，第一批的 44 处景区分布在我国的 22 个省、自治区、直辖市中，占地面积超过 6000 平方千米，占据国土总面积的 0.6%。这些风景优美、内涵丰富的国家级森林公园和风景名胜，既是我国大好河山的代表，又承载着中华民族的文化结晶，在我国旅游业中有着重要的地位。

（2）省级旅游资源。此类资源和国家级旅游资源相比，在科学考察、游览观赏和历史人文方面的价值都略逊一筹，不过在本省有着一定的影响力，能够吸引到的游客群体主要是国内游客。此类旅游资源包括一些省级森林公园和省级风景名胜区等。

（3）市（县）级旅游资源。此类资源有一定的科学考察、游览观赏和历史人文价值，主要对本地或者邻近地区的游客具有吸引力。

5.按旅游资源的市场特性和开发现状分类

根据旅游资源的开发现状和市场特性，可以分成以下四类。

（1）潜在旅游资源。存在观赏和游览价值，然而如今尚不具备开发条件的旅游资源即为潜在旅游资源。这类资源可以是自然景观、历史遗存或者是独特的吸引物。这类旅游资源可能因财力所限、科学技术尚不完全具备、区位条件差等原因，目前尚不宜开发或不可能开发。

（2）已开发和即将开发的旅游资源。已开发的旅游资源是指客观存在的自然、人文或社会旅游资源，其配套的基础设施和服务设施比较完善，已经成为当地旅游业发展的主体；即将开发的旅游资源是指已通过可行性论证、对其开发价值得到认可，已经列入规划，即将开发的资源。

（3）市场型旅游资源。此类资源是迎合市场需要的资源。它可能原本质量不高，但由于某社会事件，其影响力倍增，而成为旅游资源；或者是由于市场需要而创造出来的新的旅游资源，如各类主题公园。

（4）尚未发现的旅游资源。这类旅游资源由于地理位置偏远，或处于地下，或因其他原因还不知其存在，但确有一定旅游价值。例如，被称为"世界第八奇迹"的秦始皇兵马俑于1974年被发现，昔日这里是一片坟地，到1974年初，一位来自陵东的西杨村村民为了抗旱打井，在陵墓东部三里处的下和村与五村之间发现了巨大的秦始皇陵兵马俑坑。考古工作者经过多年挖掘，终于发掘出这2000年前的历史瑰宝。

5.按旅游资源的利用限度分类

从利用限度来看，旅游资源主要有两种类型，分别为有限旅游资源与无限旅游资源。

（1）有限旅游资源。所谓有限旅游资源，是指有一些旅游资源不能够持续地、无限量地供给，必须按照计划对其进行使用并提出保护措施，以保证未来的旅游者仍有可使用的旅游资源。有限是指该旅游资源在空间或时间上的有限性,如一些古建筑;或指某一类旅游资源供给数量的有限性,即客容量的问题,需要旅游业经营者采取一定的供销途径来予以控制。

(2)无限旅游资源。所谓无限旅游资源,是指资源在一定时间尺度上可实现往复流转并保持资源的存在,无限资源是相对有限资源而言的。例如,供人们游览、泛舟、滑水的自然或人文旅游资源,可以持续地或循环地被使用,可以说它们的使用时间是无限的。但这种无限使用必须以对该旅游资源的合理利用为前提,若对其过度开发和利用,有可能导致其质量的降低乃至毁坏,使其不能再维持原有样貌或者不能持续地被利用。

6. 按现代旅游产业观分类

按现代旅游产业观,可将旅游资源分为五大类。

(1)观光型游资源。观赏型旅游资源是指旅游者的体验方式以参观、观光为主的旅游资源,一般历史遗留下来的文物、历史遗迹等都属于典型的观光型旅游资源。不管是自然旅游资源,还是人文旅游资源,开发初期都只能供游客参观、观赏,属于观赏型旅游资源。

(2)度假型旅游资源。度假型旅游资源多分布在山清水秀、气候宜人、交通便利的一些以自然资源为主的旅游区。这些地区由于条件优越,人居环境良好,又有与城市环境反差明显的特点,适宜较长时间居住。例如,我国三亚,地处热带海洋性季风气候区,终年无冬,成为我国很多地区居民的避寒胜地。又如,我国境内的绝大部分海拔在1000~2000米之间的山地,暑夏凉风习习,山花烂漫,实为消夏纳凉的好去处。这些具有明显气候特征的地区,应以度假旅游为主打产品。

(3)生态型旅游资源。生态旅游是1983年由担任国际自然保护联盟特别顾问的谢贝洛斯·拉斯喀瑞首次提出的旅游新理念。生态旅游的根本在于"回归大自然旅游"和"绿色旅游"。根据未来旅游业的发展趋势,人们亲近自然、返璞归真的需求愈来愈强烈,一些免受人类"三废"污染的森林公园、风景名胜区、田园风光区等将是未来发展生态旅游的极好资源。例如,云南西双版纳热带雨林、海南尖峰岭、浙江华顶国家森林公园、四川蜀南竹海、西藏雅鲁藏布江大峡谷、内蒙古鄂尔多斯草原、广东韶关南岭地下森林、内蒙古三大草原等均属生态旅游胜地。

（4）特种旅游资源。特种旅游资源是指可开展滑雪、登山、探险、骑马、狩猎等特殊活动的旅游资源。这类旅游资源由于资源特殊，开发的项目新奇，往往成为旅游资源开发的亮点。例如，湖北神农溪、重庆巫山小三峡、广东韶关九泷十八滩、西藏雅鲁藏布江、新疆叶尔羌河、洛阳黄河小浪底、陕西商洛丹江、陕西岚皋岚河等地开展的漂流探险旅游，甘肃阳光沙漠、内蒙古科尔沁沙地、陕西榆林沙漠等地开展的沙漠探险旅游，吉林净月潭、黑龙江亚布力、云南丽江玉龙雪山、河北崇礼塞北滑雪场、湖北神农架山地滑雪场等地开展的滑雪探险旅游，新疆托木尔峰、内蒙古包头九峰山、河南鲁山石人山、四川小金四姑娘山、山东泰山等地开展的登山探险旅游。这些资源可开发出惊险刺激的旅游产品，并对游客具有较大的吸引力。

（5）专项旅游资源。专项旅游资源是指具有独特、权威、不可替代的游览价值、审美感受价值、历史价值、学习价值的自然旅游专项资源或社会人文旅游专项资源。自然专项旅游资源如黄河沿途自然景观旅游资源、长江沿途自然景观旅游资源；社会人文专项旅游资源如长城沿途历史遗址、长征路线旅游资源、三国文化游资源等。

三、旅游资源的生成

旅游资源的形成前提是人文和地理环境之间存在的地域差异性。地球上形形色色的自然资源和人文资源的组合，构成了许多独具特色、异彩纷呈的旅游目的地，而人们居住环境的相对稳定性同旅游资源分布的地域差异性形成反差，促使人们离开常居地到异地去旅游，产生旅游现象。

（一）自然旅游资源形成的基本条件

可以让人们感受到独特美感，且构成景观的物质或者自然环境的地域组合就是自然旅游资源。它是自然界中的各种因素在各演变阶段和各种自然条件之下，作用于各种各样的地理环境而产生的，且一直处在变化、发展当中。

1.地理图层蕴含着构成自然旅游资源的基本要素

地理表层可分为岩石圈、生物圈、水圈和大气圈。岩石、生物、水和大气是构成自然旅游资源的基本要素。作为生物圈一员的人类，在漫长的演变过程中，其探索自然、改造自然的力量日益强大。因此，将人类活动所涉及的各个圈层中丰富的自然资源转化为可利用的旅游资源，有着极大的潜力。岩石圈表面形成地质地貌旅游资源；水圈形成江、河、湖、海、泉、瀑布等水体类旅游资源；生物圈形成植物、动物与微生物旅游资源；大气圈内形成风、雷、雨、电等瞬息万变的气象类旅游资源以及温湿、凉热等气候旅游资源。

2. 自然旅游资源的差异受地理环境影响

地理环境各圈层之间不断地进行着元素迁移、物质交换和能量转换，这导致组成地理环境的各要素之间相互联系、相互制约并结合成一个"拟区域"综合体，从而形成地理环境的地域差异。影响旅游资源地域差异的因素主要有两个：一是由于地球表面接受到的太阳辐射不均匀，因此，地理环境会根据纬度方向延展，呈现南北方向上的差异，这称为纬向地带性差异，简称地带性差异；二是由于地表组成和结构形成的高低不匀而产生差异，这种差异称为非纬向地带性差异，简称非地带性差异。在这两种基本因素作用之下，自然资源景观有着明显的地域差异规律，呈现出区域性、全球性与地方性的地域分布特点。比如，因为太阳辐射的影响，各纬度的热量与水分不同，赤道有经典的热带雨林带、热带荒漠带和热带稀树草原带，温带有温带草原带和温带荒漠带等。在各种各样的自然带里，自然旅游资源呈现出较大的差异，但具体到同一自然带的自然旅游资源，仍有地域性差异。

3. 地质作用是塑造自然旅游资源的原动力

地表中各种各样的自然旅游资源，都是缘自地质作用的内在与外在动力作用。所有的自然旅游景观都能书写一部长长的地质作用演变形成史。

内动力地质作用是决定海陆分布、岩浆活动及地势起伏的力量。比如，地热景观、断块山、火山地貌、峡谷、断陷湖泊等都是内动力地质作用的结果。

而外动力的地质作用是由生物圈、水圈和大气圈在地壳外部对地表形态和岩石特征进行改变的力量，如风化、重力崩塌、剥蚀、搬运及堆积作用等。自然旅游景观中的石林、溶洞、峰林等岩溶地貌、冰蚀景观、风蚀景观都是外动力地质作用的结果。

内动力地质作用和外动力地质作用交替作用，塑造出千姿百态的地表形态以及苍山翠岭、流泉飞瀑、古树名花等景观，这些千差万别的景致交相辉映，使自然旅游资源成为包罗万象的旅游宝库。

4. 地表水体的水文影响作用

地球的表面被连续的水圈所包围，水圈总体积为3260亿立方千米。其中，92.7%的水分布在海洋中。陆地表面水圈呈现为河流、湖泊、冰川、涌泉和溪流，这些水以其光、景、声、色等构成了生动的风景素材，是风景中不可缺少的部分。陆地上纵横交错的河流，流经不同的自然景观带及不同的地貌区，构成一条条景观长廊。湖泊是陆地表面洼地中积蓄的水体，由于其所处的地形部位、成因、水文特征的不同，形成了或雄浑古朴、或澄澈清丽的湖泊风景；瀑布是从河谷纵剖面陡坎倾泻下来的水流，以其独具特色的形、色、声之美，成为资源中最为突出和亮丽的风景，具有强大的吸引力；泉水是从地下露头的水，能根据不同的地质条件、地貌、水文等形成各种各样的泉。

5. 区域性气候因素影响作用

气候为某一地区多年天气的综合特征。由于气候的区域性差异，各种特定时空条件下形成的气候，其本身即是重要的自然旅游资源，可以满足人们追新求异、避寒避暑等需求，也是其他自然地理要素的组合因素。垂直方向上的气候变化使得自然景物在垂直方向上呈现出有规律性的变化，形成"十里不同天"的奇异自然旅游资源。在一定气候条件中，大气里的霜、雾都能形成极具观赏价值的独特自然景观，如吉林的雾凇、蓬莱的海市蜃楼、峨眉山的佛光等，为大自然平添神奇。

6. 生物多样性的影响作用

生物圈存在于地球岩石圈的表面、整个水圈内以及大气圈下部的对流层中，主要构成内容为动物、植物和微生物。在地球上，动物种类超过50万种，植物种类超过100万种，而微生物种类的数量目前难以统计。

在地球历史演化进程中，生物的演变是地球史的重要内容。大量的古生物化石在地层中遗留下来，成为颇具研究价值及观赏价值的古生物化石旅游资源；而有些动植物种群历经变迁，在特定的条件下只有极少数保留下来，形成古老的孑遗植物或动物，成为珍稀的动植物旅游资源。

地球表面所分布的生物旅游资源，由于所处地理环境的不同，因此存在着明显的地域分布。例如，热带雨林带树高林密，动植物种类繁多；而热带荒漠带植被匮乏，动物种类也较少。正是由于动植物分布的地域差异，对旅游者来讲，异样的生物旅游资源也颇具吸引力。

生物与自然、地理环境之间有着密切的关系，尤其是绿色植物，它们通过光合作用产生的大量氧气，参与到大气圈循环当中，对人类身心健康有着重要影响。例如，有些地区推出"森林浴"特色旅游项目，不但视绿色为风景区的构景因素，而且已开发出具有疗养功能的项目。

（二）人文旅游资源和社会旅游资源形成的基本条件

人类在经过长期的生产实践与社会劳动之后，逐渐积累的物质文明成果与精神文明成果的总和便是社会旅游资源与人文旅游资源。所有旅游资源都是在社会、历史、文化等多个因素作用之下产生和发展的。

1. 历史的继承作用

站在时间的角度上，可以看到人类的历史一直在往前发展，历经各个历史阶段，而在其中的某个阶段，由于具备了更高的生产力和科技水平，所以社会文明得以推动，之后再通过建筑、文学艺术、古人类遗址、陵寝等形式继承，并成为人文旅游资源的主体。

古人类遗址指的是人类从诞生之后到发明出文字记载方式之前形成的历史遗迹，包括古人类遗迹和与其密切相关的生活工具、部落聚居、生产工具、生活遗址等。旅游者通过观赏这些遗址，可以了解人类的起源和发展情况。例如，北京周口店北京猿人遗址被列入世界文化遗产，在海内外享有很高知名度。大多数的人文旅游资源都有其历史的渊源，反映着特定历史时期的特点和要求。比如，从建造最能反映时代风俗和文化特点的实体来看，北京故宫、承德外八庙具有不同的特色。北京故宫是明清建筑，也是世界上现存最大、最完整的古代木结构建筑群，由正阳门到太和殿，再到景山，布局严整，威仪赫然，象征着君主专制政权发展的空前鼎盛。承德外八庙是清代建筑，从康熙五十二年（公元1713年）到乾隆四十五年（公元1780年）陆续修建而成，主要继承了从西汉到唐、宋、明的汉族建筑特点，并吸收藏族建筑艺术特色，创造出清代康乾盛世的建筑风格。因此，众多的人文旅游资源同样是漫长历史的见证者，是立体的、直观的历史书，其中蕴含的深刻内涵让现代的人们对古人有了更深刻的了解，对历史的发展规律有所掌握，并得到无穷的智慧与巨大的力量。

2. 文化的差异作用

从空间角度来看，地理环境对文化的影响是显著的，文化正是人类在适应

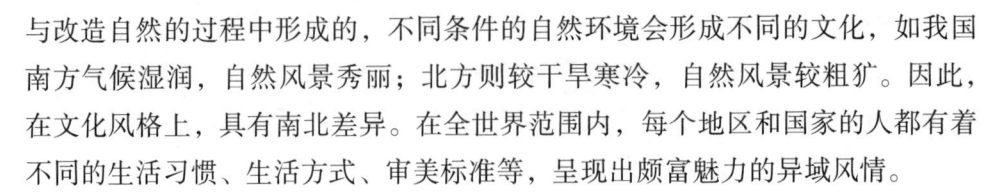

与改造自然的过程中形成的,不同条件的自然环境会形成不同的文化,如我国南方气候湿润,自然风景秀丽;北方则较干旱寒冷,自然风景较粗犷。因此,在文化风格上,具有南北差异。在全世界范围内,每个地区和国家的人都有着不同的生活习惯、生活方式、审美标准等,呈现出颇富魅力的异域风情。

3.社会的创新作用

社会是不断向前发展的,是不断有所创新的,社会的进步对资源的影响可以从两个方面去理解:一方面,随着社会的发展,或者为适应一定的市场需求,新的旅游景观会不断地形成。例如,一些文化、游乐、体育场所,各类城市建筑等,其中比较典型的就是主题公园和观光农业。另一方面,随着某一社会历史事件或人类对自然的多角度探索,原本已存在的某些自然实体被赋予了新的社会文化价值,从而形成新的旅游景观资源。

第三节 旅游资源与旅游业

之所以说旅游资源是发展旅游业的重要前提,是因为以下四点。

一、旅游资源是旅游业的基础

旅游业是一个综合性产业,它以旅游需求为对象,开展各种旅游活动,向旅游者提供符合其需求的商品和产品。如果没有旅游活动的开展,就不会产生旅游业。要想开展旅游活动,就离不开能够吸引旅游者的旅游资源。旅游资源作为旅游者产生旅游兴趣的客体,可以为旅游者提供独特体验和观赏,它是旅游动机产生的前提,更是旅游活动开展的基础。如果没有旅游资源,旅游业的发展就成了"无米之炊""无源之水"。事实上,当下开展的所有旅游活动,都建立在一定的旅游资源之上。比如,由自然赋予的客观实体,由人工创造的遗迹、景观,以及其他可以对旅游者产生吸引力的载体。

二、旅游资源在一定条件下可以开发成旅游产业

我国旅游资源类型多样,十分丰富,但这些旅游资源并非都可以形成旅游产业。旅游资源只有通过合理开发、投资建设,才能形成旅游产业。一般在

具备较好旅游资源的情况下，只要有需求市场，区位条件较好，具备一定的基础设施和投资条件，都可通过调查、论证、规划、建设等，最终将旅游资源开发成旅游产业。在我国，目前仍有许多国粹级的旅游资源尚未开发，其主要原因在于还不具备开发条件，其中，交通不畅成为制约开发的瓶颈。因此，由旅游资源到旅游产业有一个转化过程，这一过程往往涉及各种因素。在开发建设时，应充分估计影响这一转化过程的因素，使开发的旅游产业向良性循环发展。

三、旅游资源质量对旅游业发展有重要影响

影响旅游业发展的因素有很多，但是如果其他条件相似，那对旅游业发展影响最大的就是旅游资源自身的质量。当旅游资源拥有较高质量时，旅游业的发展也会变得更快。旅游资源质量其实就是旅游资源价值的高低，包括旅游资源具备的科学研究价值、美学价值、文化历史价值等。游客会被高价值的旅游资源所吸引，形成广阔的旅游市场，从而促进旅游业的飞速发展。例如，我国的北京、西安、上海、杭州、云南、桂林等地区之所以对国内外游客有着其他城市难以比拟的吸引力，是因为这些地方具有优质的特色旅游资源，不但知名度高，而且对游客的吸引力强。而一些地方跟西安、桂林相比，明显具备更高的经济发展水平与更好的基础设备条件，然而在旅游业的发展上却远远不如这两个城市，根本原因就在于这些地方缺乏优质的特色旅游资源。

四、旅游资源保护有助于旅游业可持续发展

人类一直在探寻如何跟生态环境友好共存，以保证自身的可持续发展。在当前时代，世界各国都认可要保护生态环境，都将可持续发展作为国家发展的战略和目标。随着旅游业的发展，世界各国都面临一个亟待解决的难题，那就是怎样才能更好地保护生态环境，保护文化遗产，让旅游业实现可持续发展。毕竟，美丽的大自然、良好的环境和文化景观是旅游业生存与发展的前提，倘若这些消失了，那还谈何旅游业的持续发展？中国疆域辽阔，有着各种各样的自然地貌、风景，历史绵延数千年，人文资源丰富，不同地区存在着各种各样的民俗风情，而这一切是我国旅游业发展的源泉。内容丰富的自然资源和文化遗产让旅游业的发展空间变得极为广阔。因此，我国旅游业的发展不但可以

促进国民经济的发展，让人民过上更好的生活，而且可以传承和发扬优秀的民族文化。所以，每一个和旅游业息息相关的人，不管是旅游者还是经营者，都应该在观赏、开发、利用旅游资源时，担负起保护环境的责任，遵守相关的法律法规，妥善处理环境保护和资源开发之间的关系，让旅游、经济和环境协调发展。

第二章　旅游资源开发与规划

第一节　旅游资源开发概述

一、旅游资源开发的概念

旅游资源开发是指借助现代科学技术手段，把潜在的旅游资源利用起来，将其改造为旅游吸引物，并对实现旅游活动起到推动作用的经济、技术活动。它不只是把旅游资源本身开发成招引游客的吸引物，还应在开发时使旅游活动满足其他条件。例如，住宿、饮食、交通、购物等。因此，在进行旅游开发工作时，员工的培训、基础设施的建设和接待管理机构的设立必不可少。

由于旅游资源开发涉及很多方面的内容，所以我们在开展之前要制定全面的规划。最关键的是要有明确的开发方向，并为开发出的旅游吸引物找准市场定位。比如，面向的是国内游客还是国际游客，面向的是一般消费人群还是高消费人群，是为群众提供观赏价值还是为专业团队提供考察价值。旅游资源开发的目标主要由以下两方面的因素决定：一是旅游资源本身所具有的特征与其可塑性；一是当前旅游市场需求的发展趋势。如果对旅游资源的开发没有一个明确的方向，其价值就可能受到不良影响，也就不会带来可观的经济收益。

二、旅游资源的生命周期

在生命周期理论中，当一个将某项旅游资源作为核心的旅游区或旅游点产生以后，通常都会经历从兴盛到衰败的过程。这个从产生到兴盛再到衰败的发展历程被称作该旅游地的生命周期。旅游地的生命周期被 R. 巴特勒（R. Butleri）划分成六个阶段，分别是探索（exploration）、起步（involvement）、发展（development）、稳固（consolidation）、停滞（stagnation）、衰落（decline）或复兴（rejuvenation）阶段，并且引入了被广泛使用的"S"型曲线来加以描述。[①]

---

① 谢秋逸，周年兴，朱净萱.新媒体对旅游地生命周期的非线性影响——基于SEIR信息传播模型[J].长江流域资源与环境，2021，30(09)：2090-2101.

当旅游资源的生命周期处于初级阶段，也就是探索、起步阶段时，进行旅游资源的初步开发，实现旅游资源的可进入性是此阶段主要的开发目的。和其他资源相同，旅游资源只有在经过开发、利用之后，其自身的功能和价值才能得以实现。旅游资源想要实现其经济价值，就必须通过旅游者进行消费的方式来进行。倘若旅游者不了解旅游资源，那么，旅游资源就不能对旅游者产生吸引力；或是旅游资源对旅游者产生了吸引力，但是旅游者无法进入或接近旅游资源，以及无法得到必要的旅游接待，那么，旅游资源所具备的社会效益与经济价值就无法实现。因此，最先要做的事就是对旅游资源进行初步开发，让旅游资源具备可利用性与可进入性，解决旅游接待以及旅游地的交通问题。

根据旅游地生命周期理论，当旅游资源具有可进入性，逐渐发展起来后，经过稳固阶段，便进入停滞期。这时候就涉及旅游资源地再续性开发。巴特勒认为，旅游地的衰落往往与接待量超过一定的容量限制或过度商业化有关。进行再续性开发的主要目的是使旅游资源的生命周期得到延长。当旅游资源到了停滞期的时候，可以通过改善旧设施、开辟新市场与开发新项目等合理的措施，让旅游地再次步入复兴阶段。不然，旅游地将会面临游客人次下降的问题，最终走向衰落。[①]

三、旅游资源开发的内容

旅游资源开发内容主要包括以下四个方面。

第一，旅游资源由潜在旅游资源向现实旅游资源转化。潜在旅游资源要实现经济效益和社会效益，进入大众视野，就要进行建设与开发，转化成现实旅游资源。因此，对旅游资源的建设与开发是时代需求。这种建设与开发不但包含了开发尚未利用的旅游资源，而且包含了对已利用过的旅游或景观吸引物进行的深层次开发。

第二，提高旅游资源所在地的可进入性。交通问题是旅游地首先要解决的问题。旅游地的进出交通条件和内部交通环境对当地旅游业的发展具有重要影响。交通条件良好会提高游客的出游体验，增加人流量；反之，则会大大制

---

① 祁洪玲，刘继生，梅林.国内外旅游地生命周期理论研究进展[J].地理科学，2018，38(02)：264-271.

约旅游地的发展。因此，在进行旅游资源开发时，要建立快捷且通畅的交通通道，改善旅游地的内部交通环境。

第三，建设和完善基础设施和配套设施。旅游基础设施指的是维持本地居民正常生活的必要设施，如道路、排污、供电、邮政、供水、银行、商店、医院、治安等设施。旅游配套设施指直接为旅游者提供的旅游饭店、旅游商店、游乐场所等。在对旅游资源进行开发时，要求在建设和完善保障当地居民生活所需的基础设施的基础上，建设和完善旅游者消费所需要的旅游配套设施。

第四，培训人才，完善旅游服务。旅游地良好的服务也是影响其发展的主要因素，因此，培养旅游专业人才尤为重要。好的服务质量能够巩固现有的游客并吸引更多的游客前来旅游，所以旅游从业人员一定要意识到服务的重要性，不断提高服务质量，大力培养旅游专业人才。旅游资源开发与旅游资源保护是一对矛盾体，旅游资源开发会提高民众的环境保护意识和旅游资源保护意识，为旅游资源保护保护提供必要的经费等。但是，旅游者的到来或多或少地会对旅游资源产生不利影响，甚至在开发过程中，这种影响也在所难免。

四、旅游资源开发的原则

为了提升当地旅游资源的吸引力，更好地发展旅游业，旅游资源的开发将挖掘旅游吸引物作为主要目标。在此过程中，不但要满足游客的需求，而且要促进社会经济的不断发展。国内的旅游项目主要是为了满足人们在物质和精神方面的需求。为了确保能够科学有序地进行旅游资源开发，要遵循下列原则。

（一）独特性的原则

旅游资源之所以珍贵，是因为它非常稀有，旅游资源所具备的独特性在一定程度上决定了它的质量。这也是旅游资源吸引游客的根本原因。所以，对旅游资源本身特性进行凸显，并对其进行增强与保护是至关重要的。这一原则具体体现在以下三个方面。

第一，尽量对自然资源加以保护，尽量使历史风貌保持原有的特色。对于旅游资源的开发，特别是自然资源和历史资源，过分的修饰或者整个推翻重建的做法都是错误的，这种毁灭性的改造会使资源本身具备的吸引力大大降低。对于这个问题，我们不能根据自己的主观意识来决定，而应该深入了解当前的市场价值观念，以此为依据对旅游资源进行合理开发。然而，对于一些有着故事传说或文献记载的历史遗迹，可以根据记载的史料或传说在原址上进行复建。但也要注意不能使用大量的现代建筑材料，以防改变原有的风格，应该尽可能地反映其原有的历史风貌。

第二，尽量对当地特有的旅游资源进行挖掘，以提高自身的独特性和优越性，做到人无我有，人有我优。不管是对自然资源和历史资源进行利用或者开发，还是新创旅游资源，都要对旅游资源的独特性加以强化。例如，保证某种旅游资源在一定地理范围内最高、最大、最古、最奇等，以确保旅游资源的吸引力和竞争力。

第三，最大限度地突出当地文化特色。保持当地特有的、传统的、民族的文化特色，不仅能维护自身资源的独特性，还能在当地树立好的旅游形象。游客在选择旅游地时，往往想要体验当地的风土人情。如果游客到一个旅游地，发现所去之处与自己本地的情况无异，游客就一般不会去游玩。就算是去了，以后也很难再去，除非那里会发生让人耳目一新的变化。例如，旅游地的建筑风格一味追求西方，建筑样式完全仿照西方，那么西方游客看到后并不会觉得新奇、独特。但这并不表示都要追求本土特色，而不能有异域风情。旅游开发中所提倡的突出当地文化特色主要是指在其外观上要体现地方文化和民族文化。对于旅游服务设施的建设不宜追求"旧"，应该更具现代化，符合游客的生活习惯，使来访游客既能在精神上仿佛置身于异国他乡，又能在生活上感受到在家一般的便利。

（二）经济效益、社会效应和环境效应相统一的原则

发展旅游业是开发旅游资源的目的，在此基础上，运用发展地区经济以及赚取外汇等方式来使当地的经济得到更好发展。因此，在开发旅游资源时，一定要与当地社会经济发展的需求相符。即使拥有旅游资源，也并不代表能够发展旅游业。倘若旅游资源开发需要付出的成本要大于它能够带来的收益时，这种开发对于当地的全局发展是并无益处的。另外，就算国家或者地方已经决定在此开发旅游资源，当地政府也要结合自身的经济水平与项目的预期收益，进行分批或分期且有重点和计划的项目开发。此时，不要无选择、无重点地开发，也不要无计划地全面开发。最后，要对经济收益与回收期限、对游客的吸

引力、开发所用的时间长短与开发项目的规模大小等方面一一进行分析。在进行旅游资源开发时，不能只考虑它能带来的经济收益，而是要在保证经济收益的同时，确保对资源的开发要在其环境与社会能够承受的范围之内。因此，在开发旅游资源时，要将社会、环境与经济三个效益实现统一作为原则。为此，研究人员针对旅游资源的开发问题提出了八方面需要注意的事项。

第一，社会文化因素。在旅游资源的开发过程中，不能出现危及当地社会生活的因素。

第二，环境因素。在对旅游资源进行开发时，要遵守环境保护法律及其他相关的法律法规。

第三，经济贡献。随着旅游资源的开发，会产生一定的经济价值并增加相应的就业机会。

第四，竞争影响。旅游资源的开发要建立在和现有旅游业互补的基础之上，不可出现与同类旅游资源开发进行恶性竞争的情况。

第五，可行性。旅游资源开发中的具体项目必须在本地经济允许的范围内。

第六，遵循地方政策和发展战略。在对旅游资源进行开发时，必须符合旅游地的法规、规划以及政策的要求。

第七，旅游影响。旅游资源的开发需要提升旅游地对游客的吸引力，使游客量得到提高，利于旅游业发展的条件得到改善，对旅游业发展的潜力进行挖掘。

第八，开发者的能力。对旅游资源进行开发的人需要拥有一定的实力。

（三）综合开发的原则

各个旅游地区的综合开发意义是不同的。例如，面积较大的旅游地区或一个旅游接待国往往具备不同类型的旅游资源。在这里，综合开发就是指除了以自身形象为重点的旅游资源，还要根据实际情况对其他类型的旅游资源进行开发。这样既能使该旅游地通过充分发掘来提升其吸引力，又能对来访者季节性的需求波动进行控制。综合开发可以将具备不同吸引力的旅游资源转化成一个共同体，并通过多种方式来吸引游客。倘若旅游地的面积较小，那么，对它的综合开发除了指其旅游资源，还包括在游、购、食、住等方面对游客的需求进行充分考虑，完善有关的配套设施并提供优质的服务。

（四）生态保护的原则

对旅游资源进行开发的目的便是要对其加以利用。然而，从另一个角度来看，对于某些旅游资源，特别是对历史与自然资源的开发，往往会产生一定的破坏性。倘若处理得当，就能够将这种破坏的可能性降为零，还能对这些资源起到保护作用。所以，如何对开发工作进行妥善处理，是最重要的问题。这就意味着在对旅游资源进行开发的同时，也要注重对旅游资源的保护，杜绝盲目开发而对环境产生破坏的情况。

五、旅游资源开发的理念

旅游资源和其他类型产品的开发存在着很多相同的地方，即以现有的资源为基础，将市场作为导向，对产品的供需关系以及产品开发的投入与产出比等进行充分考虑与分析。由于各自的类型不同，所以产品开发具有不同的特点，其具体内容如下。

第一，地域性。旅游资源因为地理分布规律而呈现出差异性和地方特色。比如，在我国的北方和南方，由于不同的地理环境，具有不同的自然景观和人文特色。北方的建筑方正规则，建筑风格大气明朗，北方人性格粗犷豪放；南方的景色秀丽，建筑风格精巧灵秀，南方人性格比较细腻。旅游资源的开发以特定区域的旅游资源为基础，这些资源是固定不变的，这就决定了旅游者只有经过空间位移之后，才能消费到该地的旅游产品。所以，在旅游资源开发的过程中要突出当地资源的地域特点，从而产生自身的竞争优势，提高旅游资源对游客的吸引力，让旅游产品的竞争力得以提升。

第二，多样性。由于旅游者来自不同的国家和民族，性别、年龄、职业和学历都有所不同，所以他们的需求有很大差异，对旅游吸引物有着不同的偏好。而旅游资源受地质环境、气候条件、海洋、土壤、民族、艺术、教育、风俗习惯等自然和人文要素的影响，自身也呈现出多样性特点，类型多样、异质异味。甚至可以说，只要有旅游意识，自然、社会的方方面面都可被认为是旅游资源。例如，森林公园、观光农业、工业旅游就是从林业、农业和工业中转化而来的，是旅游产业新增加的产品。为适应旅游需求多样化的特点，在旅游资源开发时就要体现出旅游产品多样化的特色。一个地区旅游资源的种类、项

第二章 旅游资源开发与规划

目、内容越多，旅游吸引力就越强，旅游市场面就越宽，旅游市场的生命力也就越强。

第三，综合性。旅游资源开发具备综合性，这种特性集中体现在两个方面，一是旅游资源本身具有综合性。旅游资源包括自然资源和人文资源两大类，各类又可细分为诸多要素。自然和人文要素相互依存、相互作用，形成一个稳定的整体。一个地区旅游资源的相互作用越强，生命力越强，其开发和利用的价值就越大。二是旅游资源开发涉及许多行业和部门，如旅游、国土资源、林业、城市规划、建筑、园林、文物、交通、管理、银行等，需要有旅游学、地理学、城市规划学、建筑学、园林学、历史学、管理学、经济学、美学、金融学等方面专家的参与，发挥不同学科专家的特长长。能否协调好不同行业、部门间的关系，是能否有效开发旅游资源的关键所在。因此，在进行旅游资源开发时，其项目组织、总体规划、项目实施等，也体现出综合性。在进行旅游资源开发时，一方面要慎重安排自然要素、人文要素，充分协调好各要素之间的关系，防止任何环节出现问题；另一方面要加强旅游资源开发工作的组织和领导，调动一切积极因素，认真做好资源开发的论证、组织、协调、管理等工作。

第四，永续性。对一般产品的购买行为表现为物质流动和所有权的转移，随着消费者的使用，产品的价值会不断下降。而旅游产品则与其他的物质产品不同，旅游者所购买的仅为产品暂时的使用权，所有权并不发生转移。在正常情况下，旅游产品也不会因为旅游者的消费而降低它的价值，甚至会通过旅游者的口头宣传，扩大它的知名度，从而使旅游产品升值。然而，旅游资源或者是自然界的造化，或者是人类历史的遗存，或者是现代人的精心设计，在数量上是有限的，它的永续性有时会因为环境或人为因素而受到影响。因此，在进行旅游资源开发时必须处理好保护与开发的关系，禁止破坏性的开发和开发中的破坏，防止环境污染，控制旅游者数量，加强景区管理和对游客的教育，以保证旅游资源的可持续利用。

第五，文化性。旅游资源开发不仅是一个技术性、经济性行为实施的过程，更是一个文化传播与交流的过程。从旅游者的角度来看，旅游的目的主要是追求精神方面的愉悦，或是增加社会经历和社会体验，随着社会经济的发展和物质水平的提高，人们的旅游需求也在发生改变。旅游本身是文化背景下的产物，是文化驱使的结果。游客不远万里前往旅游地，从某种角度看，可视为购买文化、消费文化、享受文化的过程。从管理者的角度来看，在进行旅游资源开发前，就要考虑如何更好地满足游客的精神文化需求。对此，应该深入挖掘当地的特色资源，突出其文化内涵，使旅游产品不仅是经济产品，还是文化产品，让游客不枉此行，在精神上得到满足。

旅游资源是旅游吸引物，其自身的文化性彰显了它的魅力。旅游资源分为自然旅游资源和人文旅游资源。自然旅游资源是经过亿万年自然地理环境的演变而形成的，然而，为了满足人们的需求，大量的旅游资源会转变成旅游产品，供人们观赏和玩乐，这为自然旅游资源增添了文化的色彩，使其具备了文化性。人文旅游资源是人类在各个时期活动的产物，属于文化范畴。所以，旅游资源开发可以看作一种文化活动，在旅游资源开发中注重挖掘旅游资源的文化特色，对旅游业发展具有极其重要的意义。

六、旅游资源开发的模式

因为旅游资源的结构、规模、组合、区位条件、价值、性质，以及技术条件、社会制度、法律法规、文化背景及区域经济发达程度等方面存在着不同，再加上旅游资源开发的广度、深度也不相同，导致旅游资源开发的模式逐渐向多元化发展。结合不同的划分标准与影响因素，可将旅游资源开发的模式划分成不同的类别。

（一）按资源类型划分的旅游资源开发模式

第一，自然类旅游资源开发模式。自然类旅游资源指的是由生物、水体、气象、气候、地貌以及地质等自然地理要素共同组成的，具备科学考察价值、文化价值与观赏价值，并对人们有吸引力的环境与自然景物。自然类旅游资源凭借着其独特的景观与天然的风貌吸引着众多旅游者，而对来自城市的旅游者具有更加强烈的吸引力。它为游客提供考察、登山、野营、滑雪、垂钓、划船、狩猎、探险、冲浪、避寒、疗养、避暑、漂流等娱乐活动与旅游项目。有些自然类旅游资源不经过开发，原汁原味就可对旅游者产生吸引力，并使其愿意在该地开展旅游活动，但大部分的自然旅游资源都需要进行开发建设，如此才能产生较强的吸引力，才能方便旅游者进行旅游活动。旅游资源开发建设的主要内容是布设交通线路、协调配套的旅游设施，包括多种旅游专用设施与基础设施等。但在建设中，也要在最大程度上留住自然景观原本的风貌，将建设中的破坏与人为因素的干扰降到最低。

自然类旅游资源往往具备科学考察、参与性游乐、康体健身、度假享乐、休闲体验、观光游览以及各种专题性旅游等功能。通常来讲，观光旅游为基本功能，如地质地貌类旅游资源还具有康体健身、登山探险、运动休闲、科学考察等功能；水体类旅游资源兼具康体健身、漂流（潜水）探险、参与性游乐等功能；气象气候与生物类旅游资源则具有休闲体验、度假享乐、科学考察等功能。

在开发自然类旅游资源时，通常会最大限度地突出其特色，在确保游客可以正常游玩并且保护措施符合规定的基础之上，将自然景观的干预性建设降到最低甚至完全消除，使其充分体现自然的美。而有些旅游资源由于人类对大自然的深刻影响，因此，人文因素与自然景观相互交融，往往给资源地打上了深深的烙印。这种旅游资源要以突出自然美为基础，对其文化底蕴进行深入挖掘，使得人文美和自然美相生相成。

第二，文物古迹类旅游资源开发模式。作为历史文明古国，我国有着极为丰富的古迹类旅游资源。这些旅游资源正是我国旅游业的一大发展优势。从某种角度来说，其代表着我国作为历史文明古国在世界旅游业中的形象，具备极大的开发价值。

作为人类文明的瑰宝，文物古迹类旅游资源具备着多种旅游功能，如文化娱乐、访古探幽、学习考察、修学教育、考古寻迹、观光游览等。这类旅游资源不但可以让游人参观瞻仰，而且能进行历史教育与考古研究，对其蕴含的历史文化内涵进行深挖，组织参与性强且形式多样的文化娱乐活动，如古陶器制作、古乐器演奏与文物复制等。文物古迹类旅游资源一般都和历史文化名城相伴而生，并以历史文化名城为依托。因此，在对文物类旅游资源进行开发时，要注重对历史文物古迹的整理、修缮与保护，并向游人说明和展示其历史价值。此外，文物古迹类旅游资源的开发还要与城市的总体发展规划结合起来，使得历史文化名城既保持其历史性和文化性，又能满足现代社会的需要。

科学艺术性、文化性、历史性与民族性便是文物古迹类旅游资源的魅力所在，在对其进行开发时，应该从旅游资源的稀缺性价值、美学价值、民族文化价值、艺术价值、科学价值、历史价值等方面入手，对旅游资源所代表的历史时期的文化、经济、文学、艺术、政治等的历史意义及其发展水平进行着重反映与展示，努力打造主题突出且特色鲜明的文物古迹类旅游产品。文物古迹类旅游资源具备不可再生性，因为它是经历了漫长的历史才逐步产生的。倘若受到破坏，便会永久消失，所以在开发过程中一定要以"保护第一，可持续利用第一，在开发中保护，在保护中开发"为根本原则。

第三，社会风情类旅游资源开发模式。异域风光与他乡习俗都是对游客产生吸引力的关键因素，我国共有56个民族，这大大丰富了我国的社会风情类旅游资源。该旅游资源把人作为载体，借助人的人际交往关系、生产劳动、日常生活及婚丧嫁娶等进行体现。因此，参与性强是其第一大特点；动态性强是其第二大特点。社会风情类旅游资源往往具有表演性、活动性和精神指向性，体现当地独特的、不为人知的、差异性极强的民风民俗和人文特征。此外，该类旅游资源还具有传播文化、促进交流与合作的作用。所以，社会风情类旅游资源具有观光游览、愉悦体验的功能。社会风情类旅游资源和其他旅游资源地的开发方式不一样，它的开发、利用更强调体验性、动态性与参与性，要让旅游者尽可能地参与到旅游地的民俗仪式、社会活动中，从而使其更加深入地体验当地的民族习惯与风土人情。其具体方式是组织各种富有当地特色的旅游活动，提高对旅游者的吸引力。这里需要指出的是，对这类旅游资源的开发一定要保持当地风情的原汁原味，不能单纯为了商用目的而改变或同化当地民风民情的特色。例如，某一个小城镇为了开发特色地方民歌，而专门修建了一座歌厅，让游客整齐地坐在表演厅座椅上，台上演员在光碟的伴奏下，演唱当地民歌。开发者本意是为了改善演出条件，但此种情形在城市里已司空见惯，毫无差异性，因而极不受欢迎。这一种开发思路失败的原因就是改变和失去了民歌在田野山间对唱的地方特色。

第四，现代人工吸引物类旅游资源开发模式。我国自改革开放后，经济飞速发展，交通条件有了改善，各种基础设备也更加完善，因此，出现了很多现代化的人工旅游吸引物，可以提高当地对游客的吸引力。这种旅游吸引物主要分成两类，分别是游乐型、观光型。前者如苏州乐园与深圳世界之窗等主题性的公园，后者如上海的东方明珠电视塔及深圳、北京和上海等地通过整个城市新建筑群共同组建的现代都市型风貌。打造人工旅游吸引物对于那些旅游资源缺乏，但又具备开展旅游的外部条件（如经济发达、客源丰富、交通便利以及人口密集）的地方来说，是最佳的旅游资源开发思路。它不仅可以让游客更长时间地留在旅游地，还可以对旅游的内容进行进一步的拓展，使该地居民的业余文化生活变得更加丰富多彩。通常来说，休闲游乐、观光游览、演艺体验、参与性娱乐等旅游功能是现代人工旅游吸引物所必备的。现代人工吸引物类旅游资源存在着一定的局限性，如需要花费大量资金且周期较长，还需要与原本的建筑物、周边的环境相协调，所以，这种开发模式的难度较大。它不但要仔细调研整体设计、规模体量、市场定位、产品定位、性质与格调、地点等方面的内容，而且要强调个性鲜明，特点突出，注重参与性、大众化与娱乐性等特性的发展。

（二）按投资主体划分的旅游资源开发模式

第一，政府主导型旅游资源开发模式。政府决定着旅游区域内的基础设施建设与跨区域旅游资源开发。进行投资的政府有两类，分别是中央政府与地方政府。中央政府投资具备跨区域、规模大、风险大、回收期长，涉及多方利益等特点，并且主要集中在宏观意义的大型公益性开发项目，如码头、机场的修建、大型环保项目、能源基地、跨区域交通道路建设。以上的基础设施是旅游业赖以生存和发展的基本条件，其他投资主体无力完成，只能由中央政府投资建设。而地方政府投资主要集中于除中央投资外的一些地方性基础设施项目，如建设区域范围内的交通道路，建设影响力大、带动性强、最初开发、具备标志性的大型旅游开发项目，如旅游道路主干建设，大型水、电、能源、码头的建设，环保工程以及机场等。

政府从宏观角度管理旅游资源的开发工作，是这种模式的主要特点。中央与地方财政为资源开发提供资金支持，对于一些公共设施也会进行招商引资。政府通常不会具体参与到开发项目中，而是通过行政审批和开发规划发挥调控职能。这种模式适合经济较差或旅游资源待开发区域的开发工作，在一些旅游基础设施建设中较为多见。例如，高速公路、铁路、旅游专用路等。

第二，企业主导型旅游资源开发模式。此模式指的是地方政府出让自己管辖范围里的旅游资源的经营权和开发权，以此来提升对投资商的吸引力，政府只负责借助市场促销、规划与政策法规等方式对该行业的开发商与投资商进行宏观层面上的管理。按照投资企业的不同，可划分为不同的投资、开发类型：

国有企业型、集体企业型、民营企业型和混合经济型（国有、集体、非国有企业中的几个企业共同投资开发，按照股份制组成开发经营董事会）等。

这种模式主要针对的是不同类型的景区景点类的旅游资源开发项目。在对旅游景区进行管理时比较简单，同时，这类景区具有投入产出比值较高，经济效益显著，投资回收期较短等特点。近些年来，由于国内企业实力的不断壮大和投资领域的放宽扩大，几家企业联合起来，共同向某个旅游项目投资，这符合现代企业制度管理的趋势。随着政府职能的转变，在未来的旅游业发展中，企业主导型旅游资源开发模式将会成为我国旅游资源开发的主要模式。

政府从宏观角度审批开发规划项目、规划旅游发展战略、制定法规以及管理市场。这种模式可以应用于不同类型的旅游资源开发区域。

第三，民间投资型旅游资源开发模式。此模式是指通过民营企业或个人对那些中小型的旅游资源开发项目进行投资，以及在旅游区开设购物区、餐馆、旅店等，如农家乐、风味餐厅、特产店等。在该模式中，投资方通常较为看重短期内的经济回报率，他们会以独资、个体投资或几人集资的方式来对项目进行开发。尽管民间投资只是针对几个项目或单个方面进行资金的投入，但它对那些关联性较强的旅游公司来说，有着至关重要的意义。在旅游业中，受益方通常是投资最多的人，这也提升了民间资本投资旅游业的主动性与积极性。

作为旅游资源开发热潮中的新活力，民间的投资起到了拾遗补阙的作用，它不但让游客的旅游消费条件更具便利性，而且成为地方旅游业发展中不可或缺的一部分。该模式的特点是投资规模一般不是很大，涉及的投资范围较宽，一些投资少、见效快的旅游开发项目较能吸引这一类投资者。此模式适用于旅游业发展较为成熟，且取得了较好经济效益的旅游资源开发区域，或旅游业在起步时期的旅游资源的待开发区域。

第四，外商投资型旅游资源开发模式。旅行社、酒店、餐厅以及汽车租赁公司是外商在旅游业中的主要投资方向，而其主要的投资方式是合资。为了让旅游行业利用外资的能力得到进一步提升，要对外商向旅游资源开发建设与旅游基础设施的方向加以引导，这也是中国旅游业在引入外商投资上关键的发展战略。这种投资方式将更为灵活多样。例如，通过BOT（built-operate-transfer）方式，进行某个旅游资源地的开发建设，一般先由政府将该项目的投资权赋予某个外商投资主体，让其独自投资开发建设；在项目建成后，允许该投资主体独立经营，以便让该投资主体在规定时期内收回投资并获得利润。在经营年限期满后，投资主体把该旅游项目的经营权移交给当地政府。

这种旅游资源开发模式的特点是可能存在较大的投资规模，地方旅游业也许会在管理模式与理念上受到外商的示范引领影响。这种模式适合用在开发资源时，那些自身无法完成且需要大量资金支持的旅游项目，或是经济欠发达的地区。

上述几种模式并不相互独立，旅游资源开发投资的管理体制正在日益完善，在进行旅游开发时，往往不会单一地采用一种模式，而是几种模式的互相融合，以更好地进行旅游资源的开发工作。以政府为主导，以企业和外商为投资主体，民间和个人投资为投资补充，共同进行旅游资源开发的模式将在我国旅游业的发展中成为主体形式。

（三）按地域划分的旅游资源开发模式

1. 东部地区的精品开发模式

我国东部地区的社会经济发展水平高，对外交往密切，市场范围广泛，高素质人才集中，已形成了环渤海、珠江三角洲、长江三角洲这三个旅游发达的区域，完全具备旅游业综合发展优势。

在对东部地区旅游资源进行开发时，需要将精力集中在提升旅游资源的开发水准与提高旅游产品的层次上。以原本开发的旅游资源为基础，重点关注精品旅游产品的构建，完成低层次的资源开发向高层次的资源开发的转化，为游客打造高质量且全面的旅游服务与产品。既要将观光游览旅游产品努力开发建设好，又要对会展商贸旅游及休闲度假产品进行重点开发与建设，并进一步迎合国内外旅游市场的需要，让各类旅游群体的需求得以满足。

2. 中部地区的特品开发模式

从地理位置的角度来看，我国的中部地区处在沿海地区与大陆内部的中间过渡地带，这个位置起到了转送旅游客流、承东启西的作用。中部地区在进行旅游资源开发的过程中，需要结合自身的地理位置优势，秉持着"联东启西"的原则，将东西两部的旅游资源优势进行紧密的结合，以此促进旅游业的发展。

在旅游资源开发时，中部地区需要关注两方面：其一，要努力改善、发展旅游的条件，重点关注旅游设施较为落后的情况，强化基础设施建设；其二，在与东部旅游产品进行竞争时，要发现自身存在的不足，让本地区的旅游资源得到积极利用与开发，着重打造独具特色的旅游产品项目，也就是发展专题旅游。只有这样，才能与东西两部的旅游产品达成优势上的互补，从而吸引到更多东部客源或由东部入境的海外游客。

3. 西部地区的极品开发模式

我国西部地区地域辽阔，是中国地形最复杂、类型最多样的旅游景观区域，自然、人文旅游资源极为丰富，正处在旅游资源待开发的旅游业发展期。其资源优势突出，但由于经济发展水平不高，旅游观念、意识不够先进，大部分旅游资源处于尚待开发状态。发展旅游业存在两大制约条件：一是生态环境脆弱；二是基础设施落后，旅游资源地可进入性较差。所以，西部地区发展旅游业的首要任务就是加快基础设施、服务设施和生态环境的建设，特别是交通道路开发建设。

西部地区的旅游资源具备数量庞大、种类丰富的特点。它的许多旅游资源不但在国内具有唯一性，甚至在世界上也是如此。西部地区在开发旅游资源时，要将这一点充分利用起来，在旅游基础设施建设的基础上，建设旅游资源开发中的精品工程。一方面继续努力开发观光旅游产品，另一方面重点开展旅游极品产品项目，即开展具有不可替代性的专项旅游资源项目，使其能够以旅游产品的独有性和不可替代性来吸引境外及国内旅游者。例如，丝绸之路旅游产品，陕西历史文化旅游产品，云南风光及少数民族风情旅游产品等。西北部的沙漠风光、草原风光和高原风光等旅游产品，也具有很大的市场竞争力。

4. 按资源、区位和经济条件综合划分的旅游资源开发模式

第一，区位优，价值高，经济条件好的旅游资源地，采用全方位开发模式。这样的旅游资源地，不仅地理位置优越，具备很高的应用价值，还有着很好的发展旅游业的社会经济条件，在经济发展水平、资源、区位等方面的优势显著，所以可以进行全方位的旅游资源开发。在此过程中，要将提高各类旅游资源的利用率放在重要位置，组织形式多样且丰富多彩的旅游活动，对旅游活动需要的各类层次结构进行不断的完善，满足旅游者在游、娱、购、食、住、行六个方面上的需求。尤其是要对开发娱乐设施、购物场所加以重视，给游客提供具有特色的专项服务，让旅游服务水平得到提升，加大弹性收入在旅游收

入中的比重。

第二，区位一般，价值高，经济条件差的旅游资源地，采用重点开发模式。这种类型的旅游资源地的资源，不但种类丰富，而且价值很高，能够引起游客强烈的游玩欲望，但是受地理位置的限制，旅游资源地的经济发展水平不高，缺乏支持旅游业发展的资金。因此，该地区在推进旅游资源开发时，需要得到国家及政府部门资金上的支持，也可以通过转让经营权来获取开发资助，并在开发过程中选择比较受欢迎的旅游项目重点开发。同时，对交通条件进行进一步改善，为旅游活动的开展提供便利，完善基础服务设施，加快当地旅游业的发展脚步。

第三，区位差，价值高，经济条件差的旅游资源地，采用特色开发模式。这种类型的旅游资源地拥有价值很高的资源，加上它长时间处于不为人所知的状态，因此，为它披上了一层神秘的面纱，使得游客更加向往，但是由于经济条件差、旅游者的可进入性不高、交通不便利、地理位置偏远等诸多因素影响，导致其开发成本过高。所以，该类型的旅游资源大部分还处在未开发或是初步开发的阶段。倘若要对其进行开发，就要先从进出的交通条件这一关键性的突破口开始，再挑选部分有特色且价值高的旅游资源进行开发，组织一些迎合市场需求且有特色的旅游活动，并逐渐健全对应的服务接待基础设施，从而使旅游业发展的条件与环境得到有效改善。

第四，区位好，价值低，经济条件好的旅游资源地，采用参与性游乐开发模式。这种类型的旅游资源地有着很大的位置优势，且经济发展水平较高，具备发展旅游业的经济实力，但缺乏高质量的旅游资源。所以，在对这类旅游地进行资源开发的时候，要将其在地理条件与经济条件上的优势充分利用起来，与资源匮乏的劣势进行互补。不仅可以将现有的旅游资源进行充分利用，还可以大力兴建娱乐型的项目，如具有较强参与性的游乐园、欢乐谷等。同时，要考虑到当地较高的经济发展水平和居民较强的消费能力，针对不同层次的旅游者设置旅游地的配套设施。

第五，区位、价值与经济条件都一般的旅游资源地，采用稀有性开发模式。这种类型的旅游资源地不具备任何显著优势，无论是地理区位，还是经济发展水平、旅游资源价值，都处于中间水平。在对这种类型旅游资源地进行开发的时候，要注重对旅游资源的评价，对周边市场中缺少的，且有很大概率会

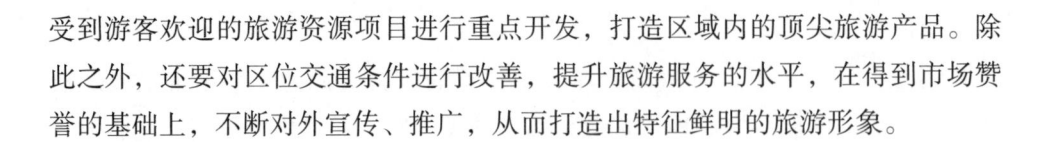

受到游客欢迎的旅游资源项目进行重点开发,打造区域内的顶尖旅游产品。除此之外,还要对区位交通条件进行改善,提升旅游服务的水平,在得到市场赞誉的基础上,不断对外宣传、推广,从而打造出特征鲜明的旅游形象。

第二节 旅游资源开发的可行性分析与基本理论

一、旅游资源开发的可行性分析

(一)旅游资源价值分析

旅游资源对开发起着决定性作用。通常来讲,资源地所具备的旅游资源种类越丰富、数量越多,其开发的潜力也就越大;从空间角度来看,旅游资源越集中,其开发后产生的影响越大;旅游资源中的文化底蕴越深厚,开发以后对游客的吸引力越大;旅游资源的特点越突出,开发之后的竞争力也就越强。由此可知,评价、分析旅游资源的价值,便能够取得资源开发大致的预期效果,这将为探究旅游资源开发的可行性提供十分关键的评价根据。

由于对旅游资源的评价受评价人的价值观、经历等主观上的因素影响比较大,所以就导致分析后的结果可能会存在较大差异。为了避免这一情况,通常采用专家评议的方式来进行。也就是由专家在亲身体验的基础上,根据规范化的评价模型,给还未开发的旅游资源打分,并将分数的高低作为依据,评定旅游资源的价值。

(二)旅游区位分析

旅游产品通常是一些不可移动的景观、娱乐设施以及服务,其消费特征是广大旅游者离开其常住地、到达旅游目的地进行购买和消费,因而距离阻抗成为旅游产品销售的重要影响因素。从空间角度上看,旅游目的地的客源市场一般随距离增加而呈现衰减的迹象,旅游项目的市场在空间上呈现向心集聚而不是网络扩散状态,因此,旅游资源开发的区位选择具有非常重要的意义。

在对旅游区位进行分析时,除了客观、真实地反映该旅游资源所处的地理位置和交通条件外,还要充分考虑到自然因素(水源条件、地形地貌条件、气

第二章　旅游资源开发与规划

候条件等）、市场因素（客源市场位置、靠近潜在市场的程度、可进入性、设施条件、是否有竞争对手等）以及社会因素（土地费用、扩建成本、地方政策、民意人情、人力资源等）对该资源区位条件的影响，从而得出比较客观的结论。

（三）区域经济文化背景分析

其主要分析旅游资源地金融市场的融资成本与开放性、利率的水平、宏观的经济状况、该地政府在开发上有无优惠政策支持；旅游资源所处的地理位置、地质地形、气象与水文等自然环境条件与开发地的交通运输条件、供气、供热、供电、供水等市政基础设施的配置条件；旅游资源开发地的人口特征、生活习俗、思维方式、生活水平、消费方式、对资源开发所持态度等人文环境条件。一般来说，投资环境和建设环境越优越，人们对资源开发的重视程度越高，其成本便会越低，而资源开发的可行性也就越高。

（四）客源市场分析

获得经济利益是旅游资源开发的最终目的，而经济利益只有在市场中才能实现，所以想要知道旅游资源的开发是否具备可行性，需要充分分析、调查该地的旅游市场，以此来推断旅游开发能否实现预期利益。此分析的主要内容是对类似旅游产品的市场容量、发展规律、市场需求和客源市场特点进行调查，并对该地开发后的旅游资源所产生的市场需求量进行预测，从而进一步确立开发的特色、规模和程度，甚至是潜在的产品与服务。

（五）环境影响分析

虽然我们一再强调旅游开发应该在保护的前提下进行，但是，在追求利益的同时，也可能会产生盲目性，进而对社会、生态环境产生不良的影响。因此，在分析可行性的过程中，要结合旅游资源开发对周围地区、环境的影响及需要实施的手段，充分的发挥旅游开发的积极作用，避免在开发旅游资源时造成环境和资源的破坏。

（六）经济与社会效益分析

旅游资源开发时需要大规模的资金和人力投入，其主要目的是为旅游目的地获取经济效益。因此，在开发活动开始之前，需要对可能产生的经济效益进行充分论证，计算出大致的投资成本、投资回收期、每年净收益、内部收益率、所能占有的旅游市场份额等经济指标，以期通过对旅游开发的经济效益分析，为开发的可行性提供量化的支撑。但是，经济效益并不是开发的唯一标准，旅游资源开发的最高目标是实现"生态—经济—社会"三维复合系统整体的可持续发展与良性互动，谋求社会、经济、生态三个方面的综合效益。因此，还应对该经济行为可能产生的社会效益进行客观而全面的综合评估，包括旅游资源开发对旅游地的社会与文化可能带来的正面及负面影响，哪些负面影响是可以通过一定的措施和手段加以规避的，这些都是旅游资源开发是否具备可行性的关键分析内容。

二、旅游资源开发的基本理论

（一）可持续发展理论

可持续发展指的是在让当代人的需求得到满足的基础上，也不会对后代人满足其需求的能力造成危害的发展，它包括以下基本内容。

第一，主张人类社会与大自然和睦共处。

第二，主张在维持资本存量的基础上获得更多的福利总量。

第三，主张充分合理地开发利用自然资源。

第四，主张控制人口增长，提高人口素质。

第五，主张各个国家、地区、个人甚至我们的后代都有平等的发展机会。

可持续发展观创立的目的是谋求新的发展模式，其本质便是在经济发展中让长远利益与眼前利益、全局利益与局部利益得到兼顾，让经济和环境得到持续协调的发展。

由于大部分的旅游资源都是不可再生的，因此，它们受到的破坏是不可逆的。要想持续合理地开发、利用旅游资源，保持其旺盛的竞争力与吸引力，就必须在开发资源的过程中，将可持续发展理论作为主要的指导思想与基本理论，进而实现可持续旅游。可持续旅游要求人们用发展的眼光看待旅游经济开发活动，质疑经济持续增长的必要性，并要求组织的旅游活动一定不能超过旅游接待地区未来接待旅游者来访的能力。关于可持续旅游发展的内容，可归纳为以下五点。

第一，加强人们对旅游所带来的经济影响和环境影响的认知，提高其生态意识。

第二，推动旅游发展的公平性。

第三，提升旅游接待地区的生活水平。

第四，为游客提供高质量的旅游服务。

第五，对未来旅游开发赖以存在的环境质量进行保护。

可持续旅游的含义是多方面的，但其最核心的内容是在确保从事旅游开发的基础上，不对后代人进行旅游开发活动产生不良影响。换言之，要立足于长远观点，对旅游资源开发产生的影响进行全面认知，不断满足人们开发旅游资源以及开展旅游活动时的需求，实现代际平衡。

因此，在开发旅游资源的过程中，要将可持续发展理论作为开发工作的最基础依据，使人类能够公平地享受、利用资源，避免出现急功近利、重开发轻保护的情况，甚至于只注重开发不考虑保护的情况。科学的论证是开发旅游资源所必需的，但它只有在资金充足、技术达标的基础上才能进行，否则就要继续等待开发的时机。除此之外，不能盲目追求经济效益，也要对旅游区的环境问题加以关注。开发旅游资源的工作人员要树立生态环境效益、社会效益的观念，将生态环境和旅游活动的协调落实到位，坚持可持续发展的道路，最终实现旅游业的持续、健康发展。

（二）区位理论

区位理论是涉及人类活动的空间分布与该空间组织优化的理论。这个理论中提出了影响并决定组合关系与人文现象的空间位置的主要因素，分别为经济技术因素（如运输条件、运输成本、竞争关系、劳动力成本、价格制度、区域经济机制的特点等）、自然因素（如矿产、土地、水源、时间、气候、地形、生物的变化等）、社会政治因素（如居住需求、环境政策、就业岗位的供给、区域均衡发展的政策等）。以上因素被统称为区位因素，两个或是两个以上区位因素相互作用，就会影响区位的确定。旅游资源开发属于一种空间上的活动，存在着空间布局和空间组织优化上的问题，因此，在开发旅游资源时，必须分析区位因素，并以区位理论为指导。

从传统意义上讲，区位理论研究的是生产的最优布局问题，也就是怎样凭借科学合理的布局让生产达到少投入、多收益的目标。区位理论曾经在工业和农业生产规划上发挥了巨大作用，但因旅游业自身具有特殊性，所以旅游开发规划并不完全适用区位理论。要想在真正意义上达成区域旅游的发展目标，就必须找到与旅游业独特发展个性相适应的区位理论。

（三）系统论

系统是通过各要素与部分相互联系所构成的具备一定功能与结构的有机整体。系统论的基本思想如下：

第一，将要处理或研究的对象当作一个系统，从整体角度上考虑问题。

第二，要特别关注各要素与子系统间的有机联系，以及系统和外部环境间的相互制约与相互联系。

旅游资源系统通常包括两个子系统，分别是人文旅游资源与自然旅游资源。这两个系统又由低一级的要素或子系统构成。系统论为旅游资源的开发提供了方法论基础，也就是采用系统的方式来对旅游资源进行开发。此外，系统论还为旅游资源开发提供了认识论基础，也就是旅游资源在本质上属于一个系统，它具备系统的各种功能与性质，需要通过系统的观点来看旅游资源。所以，开发旅游资源时，必须对旅游资源的市场状况、社区状况、空间布局、开发难易程度、规模、功能、价值等诸多因素进行通盘考虑，并合理配置资源，让其产生最佳的综合效益；必须让旅游资源和旅游服务设施之间实现协调发展，将资源功能和游客的需求进行紧密结合，让系统内部的各个要素间相互支持与配合，并与外部环境协调一致。

（四）旅游地生命周期理论

旅游地生命周期理论是在产品生命周期理论的基础上不断发展而形成的。自从巴特勒（Bulter）提出这一理论以来，有关旅游地生命周期的讨论就层出不穷，很多研究学者都对这一理论展开了深入讨论。产品生命周期理论这个概念来源于市场营销学，被用作描述产品由介入期到成熟期，再到饱和期的变化过程。巴特勒第一次应用该理论来解释旅游地的发展时指出："旅游地是动态发展的，并随着时间而不断演化。这种演化的原因是多方面的，其中包括旅游者偏好和旅游者需求的变化，有形旅游产品和服务设施质量的恶化和衰退，以及旅游地原来知名的自然与文化吸引物的变化（甚至消失）。然而，这些自然和

第二章　旅游资源开发与规划

文化吸引物正是旅游地起初受到青睐的原因。"如果该理论用图形来表示，那么，旅游产品的生命周期就是一条渐进的"S"形曲线。该理论指出，旅游地的演化过程包括六个阶段[①]。

第一，探查阶段。处于这个阶段的旅游地仅有一小部分探查者，不具备特别的设施，只是偶尔会有几个游客到访。

第二，参与阶段。这个阶段的游客数量增加，所以当地的居民会初步给游客提供设施及服务。

第三，发展阶段。进入这一阶段后，会针对客源投放大量的广告，此时较为成熟的旅游市场已经产生。当地政府会迅速减少对旅游发展的控制，吸引外来的投资者，提供更现代化的服务设施。

第四，巩固阶段。这一阶段的游客增长率会下降，旅游地大多数的经济活动和旅游间的联系更加密切。

第五，停滞阶段。该阶段的游客数量达到极限，旅游环境容量（如水、劳动力以及设施的供应）已趋于饱和甚至达到饱和，带来许多社会、环境与经济上的问题。

第六，衰落或复苏阶段。在此阶段中，部分旅游地市场逐渐衰败，对游客的吸引力降低，游客数量开始下降，已无力和其他新形成的旅游地进行竞争。还有一种情况，即一些旅游地步入复苏阶段。进入这一阶段的目的是提升旅游地对游客的吸引力，让还未开发的旅游资源优势得以发挥，进行市场的重启以及让旅游地的功能得以完全转变。

旅游地生命周期理论使用定性与定量分析，划分了旅游目的地的设施发展及市场变化的不同阶段，能够帮助旅游业从业人士找到旅游发展的一般规律。尽管国内外学者对此理论的有效性持不同的意见，但它对于旅游资源开发实践的意义重大，其应用主要表现为以下三点。

第一，预测旅游地的市场规模。对于旅游地客源市场的预测是旅游资源开发与规划的重要内容，但前期绝不能把旅游区域假设成一成不变的，对旅游者的吸引力也是永久的。相反，应该预见旅游地或旅游资源的吸引力是有一定时

---

① 杨东辉，张丽莎.中俄跨境旅游视角下廊道旅游地投入分析——基于巴特勒旅游地理论生命周期的探讨[J].北方经贸，2021(1)：146-148.

间跨度的，将此理论作为工具，对旅游地生命周期的各个阶段进行科学划分，更加客观地掌握旅游地市场规模在较长时期中的变化。

第二，提供旅游规划调整依据。旅游资源开发时要制定规划，但规划并不是一成不变的，应根据现实情况的变化，不断地加以修正和调整，以适应实践的需要。因此，要结合当前旅游地的生命周期阶段对旅游产业政策、旅游地的产品结构、旅游资源的开发进行及时调整，让该地的旅游业发展环境得到改善，转变旅游市场营销策略等。通过调整规划的制定与实施，尽量延长旅游地生命周期，以达到促进和保障旅游地可持续发展的目的。

第三，指导旅游产品创新开发。旅游是一项精神性的消费品，因此，旅游的发展与旅游者的需求有非常大的关联性。只有了解旅游者的需求，并为其提供令人满意的旅游产品，该旅游地才能持续发展。所以，旅游资源开发应根据旅游者的需求不断创新，挖掘资源新的优势，甚至通过改变旅游地的功能来维持其对游人的吸引力。

（五）竞争力理论

竞争力的理论是20世纪80年代才出现的。1986年，世界经济论坛发表了《关于国家竞争能力的报告》，主要分析并评估部分工业化国家所具备的国际竞争力。自此之后，每年的9月1日都能在瑞士洛桑看到其发布的关于各国国际竞争力的评价结果。由于其评价结果在世界范围内引起了较大的反响，于是人们开始关注竞争力的问题。20世纪90年代后期，我国学者开始进行旅游竞争力的研究，该研究涉及我国旅游业的宏观竞争力、旅游企业的竞争力及区域竞争力等。

作为国民经济中的新兴产业部门，旅游业具备极强的经济性。在市场经济条件下，各地的旅游业都面临着激烈的行业竞争，因此，提高旅游地的竞争力也成为旅游开发的重要任务之一。具体来说，这个理论对旅游开发的指导作用与影响主要体现在两个方面：一是让旅游资源开发的内涵得到了丰富。旅游竞争力这一概念的提出，代表着旅游发展已经步入了极限竞争的阶段，人们逐渐将更多的注意力放在旅游地在市场中竞争能力的提升上。这就要求旅游开发与规划不但要对旅游地目前和今后的发展进行统筹安排，而且应该具有明确的目的——提升旅游地的竞争力。这是旅游开发理念中的一个重要方面。二是为发展战略的制定提供了依据。旅游发展战略指的是对旅游地未来发展方向的总体指导，发展战略的制定要以实现旅游地的综合效益与可持续发展为导向。从本质上说，在制定发展战略时要将旅游目的地的竞争力水平的提升落到实处。要想完成这一目标，就要充分掌握旅游目的地的竞争力现状，唯有发现自身在竞争力上的不足，才能制定出更有针对性的发展战略。因此，以竞争力理论为指导进行旅游目的地竞争力及竞争力结构的分析，为制定该地的发展战略提供了可靠、客观的依据。

第三节 旅游规划的基础理论和方法

一、旅游规划的基础理论

（一）区位理论

旅游规划的一个重要目标就是对布局问题进行讨论，大到整个地区旅游业空间上的整体布局，小到旅游企业的选址问题，都需要经过认真、详细的探讨。区位理论就是一种对生产空间布局进行探讨的理论。作为经济地理学与产业经济学的非常重要的基础性理论，区位论对于旅游的规划和开发来说，是非常关键且一定要借鉴的。

1. 区位理论的内涵

区位理论在本质上研究的是生产的最优布局问题，也就是怎样凭借科学合理的布局达到少投入、多收益的目的。区位理论不是遍布于人类发展史的全部过程中，而是处于一定的历史条件中，是在工业化大生产发展、社会分工细化、生产力水平不断提高、经济日益发展的条件下诞生并逐步发展起来的。因为在农业社会，交通、信息等要素都不发达，人们主要从事的是自给自足的小农经济式的生产。这种生产方式的最大特点就是产品就地生产并消费，所以成本与收益间的比例并不会随着距离的变化而变化。在此情况下，选择生产地点的问题就显得没那么重要。只有在交通等生产要素可以区分、社会分工细化以及生产力水平不断提高后，选择最优的生产区位才变成在市场竞争中获胜的重要条件之一，区位理论才应运而生。

2.区位理论在旅游规划中的应用

区位理论的关键之处在于其指导着物质资料产业的发展，并在规划农业和工业生产的过程中发挥了巨大的作用。但在进行旅游规划、开发的过程中，不能完全照搬区位论，其原因在于旅游业和其他产业有所不同。首先，相较于工农业，旅游业所依托的资源是不可移动的，所以就导致旅游业发展的区位是已经定好的，不存在太大的选择空间，运输费用等要素也不会对其生产布局产生多少影响。其次，旅游生产的非物质性导致对旅游市场的预测非常困难，市场对旅游区位的影响不稳定。最后，旅游业属于一种综合性的产业，想要得到发展，除了自身需要进行大力建设外，还需要其他相关产业的支持。所以，在对旅游业区位进行选择时必须通盘考虑。

区位理论在旅游规划中的应用主要体现在以下四个方面。

第一，确定旅游地的市场范围。对于旅游地来说，建设时必须投入一定的人力、物力、财力，创造出来的旅游产品必须能够迎合一定的市场需求。市场对这种旅游产品的需求量直接决定着今后旅游区的经营状况。如果市场对其需求状况不佳，那么这个旅游区就必然不能实现成功经营，旅游规划就会失败。市场需求的确定，是旅游规划的一项重要工作。我们可以运用克里斯塔勒提出的"中心地理论"中的"门槛值"来研究。门槛值是指生产一定产品或提供一定服务所必需的最小的需求量。对于旅游地来说，能够使旅游地的旅游业经营下去的旅游产品和服务的最低需求量就是门槛值。计算出旅游地提供旅游产品及服务的门槛值，就可以确定旅游地的市场范围。

第二，划分旅游地的等级。旅游地的等级划分，是根据它的市场范围（吸引力）来进行的。高等级的旅游地，其旅游市场范围相对较大；低等级的旅游地，其旅游市场范围相对较小。通常来讲，提供的旅游产品及服务的价格低、质量佳、功能全、档次高的旅游地，等级就比较高；而提供的旅游产品和服务在档次、质量等方面相对较低的旅游地，等级就比较低。

第三，旅游地均衡布局模式。为了满足旅游者的旅游需求，在一个区域范围内，可能要具备不同等级的旅游地。它们是否能均衡布局，并让区域旅游在这些等级不同的旅游地的推动下实现持续发展，是在规划时主要考虑的内容。国内外许多旅游地的发展证明，克里斯塔勒的中心地理论中有关"$Kn=3n-1$"的市场最优化理论是适用于旅游地开发的。其中，K 表示的是在一个地域单元中的各级中心地的数量，n 则用来表示中心地的等级。公式的含义是一个较高级的中心地提供的服务能力实际上相当于三个较低级的中心地供的服务能力，即在区域旅游地体系中，每个高级中心地都要有相应的几个中级或低级旅游地。中级或低级旅游地的数量可以通过公式得到。

第四，旅游地图层布局模式。产业圈层布局的模式，最早是杜能在研究农业布局时提出的。在他看来，在由城市向外延伸中，距离的不同也会导致地方生产方式的不同。在对旅游业进行布局时，同样存在这种圈层布局的模式。例如，在大城市的郊区，旅游业的布局会呈现环状特征，形成环城市游憩带，即距离城市较近的地带依托城市市民发展以康体健身与休闲为主导的旅游产品，距离城市较远的地带则依托自然生态发展以度假旅游和生态旅游为主导的旅游产品。

（二）系统理论

1. 系统理论的内涵

运用系统理论来对旅游规划进行指导成为如今备受瞩目的策略。自 20 世纪 80 年代以来，旅游研究的综合分析方法再度进入人们的视野，系统理论作为综合分析的思想，被引入旅游及旅游规划的研究中。

（1）系统的含义。"系统"在词典中的意思是"由相互连接或相互依存的成套事物或集聚的事物所形成的复杂统一体；根据某种方案或计划有秩序地安排各个部分而组成的一个总体"。在系统理论中，它指的是由两个以上相互作用的要素所构成的具备一定功能的有机整体。每个系统又被看作另一个更大的系统的构成要素，也就是子系统。系统是一个高度抽象的概念，因而具有极其普遍的意义。

系统不能够独立存在，每一个系统都会受限于比它更大的系统。因此，系统和要素的区分也是相对来说的。各个系统对比它更大的系统而言，都是子系统或要素，那个相对更大的系统则被称作母系统。就各个系统而言，因为自身被其他系统包围着，所以会受到一定的限制，这就产生了系统的环境。一方面，环境制约并影响着系统，所以系统需要和环境相适应；另一方面，系统的相对独立性体现在它可以能动地作用于环境，对环境进行改造。

（2）系统的结构。要素之间简单相加是无法形成系统的，需要按照一定的规则将要素进行组织，而其中的组织形式、规则就是结构。系统的结构指的

旅游资源开发与管理研究

是系统内部的各个构成要素间的相对稳定的组织秩序、联系方式以及其时空关系的内在体现形式。在人们赖以生存的世界中，每种系统的内部都有一定的结构。例如：分子具备分子结构，原子具备原子结构；社会关系、社会制度形成社会结构，使得人和人被组织了起来。分子结构是原子间的组织规则、形式；社会结构是人与人之间的组织形式与规则。

结构对系统的性质起着直接的决定作用，同理，事物的性质直接取决于它的结构。在系统的发展中，要素是活动的，而结构则比较稳定，这使得系统能够保持稳态。换言之，结构能够让事物保持性质的连续性与稳定性。结构凭借对要素的制约，让系统达到相对稳定，而要素的变动限制于一定范围中，这便是量变。倘若要素将结构的制约打破，就意味着系统的瓦解与转化，就形成了质变。

2. 旅游系统的内涵

（1）旅游系统的概念。旅游系统指的是直接参与旅游活动的每个因子通过相互制约、彼此依托而产生的一个开放的有机整体。如果能够深刻且全面地对旅游系统进行认知，就能够推动旅游规划走向成功。其组成要素有四个：一是旅游活动的主体，即旅游者；二是旅游活动的客体，也就是广义上的旅游产品；三是旅游的媒介，即旅游业；四是旅游活动，指依托于一定的社会、经济、环境存在与发展，让旅游媒介、旅游主体与旅游客体互为条件，彼此作用而形成的诸多关系与现象的总和），它贯穿着前三者。

（2）旅游系统的结构。因为系统的结构是系统保持整体性及具有一定功能的内在依据，所以对旅游系统的结构进行研究就显得十分重要。旅游系统在功能和地域方面具备完整性。从空间表现形式的角度来讲，旅游系统是旅游目的地、旅游客源地借助旅游通道相互作用而形成的一个空间系统（其中，旅游通道不仅包括交通通道，还包括无形的信息通道，信息的获得与交通的便捷度有力推动了游客从客源地向目的地流动。

如果按照旅游功能对上述系统进行划分，就可以得出旅游系统的构成，它包含着支持系统、客源市场需求系统、出游系统以及旅游地供给系统（包括目的地的设施系统、服务系统和吸引物系统）。旅游系统便是通过要素之间的彼此制约、互相关联而形成的。

旅游系统是旅游要素在一定区域内相互作用形成的具有特定结构和功能的

活动系统。旅游系统中的各个要素是相互制约、相互影响且相互联系的，一旦旅游系统的外部环境或是旅游吸引物、旅游市场产生变化，都可能引发整个旅游系统结构的变化；同时，它不断与外界交换物质、能量、信息。因此，旅游系统是一个开放性结构系统。

3. 系统理论在旅游规划的应用

旅游地规划是一项十分复杂的系统工程，因此，在进行旅游规划时会出现许多问题，如人力与交通资源、旅游环境、旅游吸引物以及旅游市场等问题，它们间互相影响、交叉覆盖。所以，旅游规划必须从建立旅游系统工程出发，坚持整体性原理、结构性原理、层次性原理、动态性原理、模型化原理与最优化原理。

（1）整体性原理。在旅游规划中，整体性原理体现在要充分意识到旅游业属于一个产业群体，它与环境、经济、社会间的联系非常紧密。产业里的各个部分、环境和产业间也在相互制约、相互作用以及相互联系。一是旅游业和社会经济两者实现协调发展；二是旅游系统中的每个要素间实现协调与平衡。所以，在对旅游进行规划时一定要对系统内各部分相互影响、相互联系的关系加以重视。

（2）结构性原理。旅游业中各个要素之间存在着多种多样的排列组合方式，不仅有多项和双项的，还有单项的。旅游系统的结构主要有产品结构、市场结构、旅游活动结构、行业结构、资源结构、管理结构等，研究旅游系统结构可使系统中各个要素间的联系得到进一步增强，从而达到最佳整体性能。

（3）层次性原理。旅游规划需要具备一定的空间条件，倘若空间的大小不一样，那么其内部的构成就不一样，这样一来，就会形成具有不同的产业层次、空间层次的网络体系。在旅游规划中，低层次必须服从于高层次，同时要与高层次的旅游规划达成一致，不仅要考虑所处大区域的共性，还要善于发现自身优势，防止出现恶性竞争的情况。利用层次性观点逐级进行优化研究既是实现系统整体功能的保障，也是让系统整体符合人们预期发展目标的最有效途径。

（4）动态性原理。旅游规划要想取得成功，就必须迎合市场的需求，持续吸纳新的信息，并且不断进行修改、完善以及补充。因此，旅游项目的选择和布局必须具有弹性。另外，在进行旅游规划的时候，要结合旅游业发展所处的阶段，设计不同的发展方式、目标与规模。与此同时，也要对旅游业未来的发展方向进行把握，让旅游规划具备预测性、超前性。旅游开发要从时间和指标两方面进行监控和调整，定期对照旅游系统规划的经济、社会、环境等指标，以反馈开发的效果。

（5）模型化原理。旅游产业系统属于相对开放的系统，它会受到各种因素的干扰与制约。为了对该系统进行更加正确的分析与认知，设计出系统模型来替代真实的系统是非常有必要的，还可借助系统模型对真实系统的规律与本质进行掌握。这种模型化的系统研究方式，不但能够完成定性研究，而且有机会借助定量研究使研究目的得以实现。

（6）最优化原理。因为旅游产业系统具备着复杂性与综合性的特点，所以在进行旅游规划时可通过多种途径进行设计，设计出多种多样的特色旅游规划方案，并择优选用，促进旅游业的发展。总之，系统论理论与方法是指导旅游规划的有效方法，应在旅游规划实践中深入研究，并用以指导实践。

（三）消费者行为理论

1. 消费者行为理论的内涵

消费者行为理论是专门用来研究消费者的心理和行为模式的。从国内外所研究出的旅游者行为的内容来看，它主要包含旅游者的空间行为模式、消费心理模式以及消费行为模式三个方面。其中，空间行为模式主要指的是旅游者在对旅游目的地进行选择时的空间导向，消费心理模式指的是在心理学上对各种类型旅游者的消费行为进行分析，消费行为模式指的是旅游者处于旅游目的地中的消费行为构成。对于那些特别的区域，旅游者的消费行为规律主要是运用统计数据分析、访谈和市场抽样调查等方式来得到。

2. 消费者行为理论在旅游开发与规划中的应用

（1）旅游产品及线路设计。通过消费者行为理论的指导，设计者能够结合目前旅游者的消费特点以及消费者未来可能会产生的消费行为，对旅游线路、产品进行设计，以此与不断变化的市场需求相适应。成功设计出旅游线路与行程以及让游客的心理需求得到满足的重要依据就是对旅游者的疲劳度曲线、兴奋度曲线与关注点的变化进行研究。

（2）市场营销策略的选择。在选择旅游市场营销策略时，要考虑两方面：

一方面是满足旅游者的消费需要；另一方面是对概念进行创新，从而引导旅游者的消费心理。在进行旅游规划时，借助消费者行为理论的指导，可以结合目标市场的特征，制定出一套具备市场引导性的营销策略，从而掌握主动权，让旅游地的市场推广目标得以实现。

（四）旅游生命周期理论

1. 旅游生命周期理论的内涵

"生命周期"这一词汇最早源于生物学，被用于对某种生物从产生至最终消亡的演化过程进行描述。随后，它具有更广泛的使用范围，如被国际贸易和市场营销等学科用作描述和生物相仿的演化过程。

克里斯泰勒于1963年对欧洲的部分旅游地的研究就涉及生命周期理论。在研究之后，他还发表了一篇名为《对欧洲旅游地的一些思考：外围地区——欠发展的乡村——娱乐地》的论文，并在其中指出了旅游区生命周期的一般性概念。

直到1980年，旅游地生命周期理论才被加拿大学者巴特勒进行了系统化的阐述。如今比较典型的旅游生命周期模型有三个，分别是巴特勒模型、普罗格模型以及双周期模型。

（1）巴特勒模型。巴特勒在他1980年发表的文章《旅游区发展周期概述》中，把旅游地生命周期的演变分成六个阶段，分别是探索阶段、起步阶段、发展阶段、稳固阶段、停滞阶段、衰落或复兴阶段。

其中，旅游地探索阶段指的就是旅游地在发展中的初级阶段。处于这个阶段的旅游地，所接待的游客主要是零散的、自发的，在数量上非常有限。拉丁美洲与加拿大的北冰洋地区以及南极洲的部分地区就处在这个阶段中。

起步阶段指的是随着旅游地知名度的提升，该旅游地的游客数量日益增多，而此地的居民会给旅游者提供部分基础性的服务与简单的设施。处于这个阶段的旅游地加勒比海与太平洋上的部分规模小且发展晚的岛屿。

进入发展阶段之后，旅游地便能够吸引大量的旅游者，从而产生旅游市场的雏形。一旦到了旅游的高峰季节，游客的人数便会激增，甚至会超过该地的居民数量。通过大量外来资金的支持，旅游地的基础设施条件得到了改善。该地居民积极投入到旅游接待活动中，甚至还会以此作为自己的职业。

在稳固阶段，旅游地的经济发展和旅游业密切相关，尽管此时游客数量的增长速度放缓，但游客总数还是十分庞大。这对当地居民的正常生活造成了一定的影响，使得当地居民对游客产生仇视心理。

待到旅游地进入停滞阶段时，旅游者数量便会远远超过旅游地环境所能容纳的数量，从而形成一连串的环境、经济以及社会问题，这也对旅游业的发展形成一定阻碍。

旅游地进入衰落、复苏阶段的原因是旅游者对其他新兴起的旅游吸引物产生了兴趣，使得来此地旅游的频率降低，从而大大降低了旅游业对该地经济增长的贡献率。倘若旅游地能够对旅游开发进行积极创新，如开发一些新的旅游资源或是新建一些人造旅游景观，便有机会让旅游地从停滞阶段转化为复兴阶段，引发新一轮的旅游发展热潮。

（2）普罗格模型。普罗格于1973年以旅游者的心理特性为立足点，提出了旅游地生命周期的心理图式这一设想，认为旅游地的生命周期阶段和旅游者的行为存在着一定的关系。

以心理类型为依据，可将旅游者划分成五类：多中心型、近多中心型、中间型、自我中心型以及近自我中心型。通常来说，多中心型的旅游者兴趣广泛，富于探险精神，而自我中心型的旅游者比较保守。旅游地的生命周期发展阶段在本质上是旅游地对各种类型旅游者的吸引力变化的阶段。

多中心类型的旅游者的特点是具备冒险精神，偏向于新奇的经历，尚未开发的旅游地会更受这类旅游者的欢迎，他们的到来会使旅游地步入初始发展阶段。

随着多中心型、近多中心型旅游者的不断加入，旅游地的发展逐渐趋于成熟，旅游设施和旅游接待服务日渐完善。此时，该旅游地就会吸引占据旅游者人数绝大部分的中间型旅游者。这些旅游者希望旅游地交通便利，环境舒适。中间型旅游者的大量参与推动旅游地进入发展的成熟期。

一旦该旅游地吸引了大量游客，原本的那些多中心型的旅游者就会慢慢舍弃该旅游地，转而去探寻新的旅游地。随着多中心型旅游者的逐渐减少，该旅游地便会步入衰落期。

（3）双周期模型。双周期指的是旅游地处于不同的时间范围而产生的两种不同类型的生命周期，即长周期与短周期。

长周期指的是旅游地由起步至衰落、消亡的漫长周期，它与上述的普罗格模型和巴特勒所说的旅游地生命周期大致相同。

短周期指的是旅游地在维持旅游吸引力环境不变的一段时期中历经的周期，它可能是完整的，也可能是不完整的。在短周期内，旅游地的变化只有一种表现形式，那就是旅游接待状况的变化。双周期模型的作用主要在于：短周期为人们敲响了警钟，即旅游地如果不积极进行复兴，就会在"中途"一直衰落下去；长周期预示着在没有完全衰落、消亡前，旅游地将一直有复兴的可能。

2.旅游生命周期理论在旅游规划中的应用

（1）预判客源市场规模。对客源市场进行预测是旅游规划的关键内容。目前，很多旅游规划中，相关人员在进行游客量预测时，都简单地套用一元线性回归方程进行趋势外推。但是，往往由于线性回归模型的拟合程度不高，使得预测结果失真。陆林在1995年对山岳型旅游景区的实际游客量和预测游客量进行比较分析，结果表明，通过线性回归预测的结果普遍偏差较大。

生命周期理论将旅游地各发展阶段的特点描述出来，并对其未来的发展趋势进行预测。所以，可以尝试把该理论作为区域旅游开发与规划的工具。但是，生命周期理论只包含对各个阶段的特点的定性描述，而阶段的划分无法实现定量化，这也是该理论不能顺利应用的原因。因此，要想让这一理论得到实际应用，关键就在于怎样对旅游地的生命周期阶段进行科学划分。

（2）提供旅游规划调整的依据。在制定旅游规划时，生命周期理论能够起到重大的启示作用。调整性旅游规划指的是在规划实施一段时间之后，结合旅游地的实际发展情况，对原本的规划进行调整，以推动区域旅游的调整、扩大、深入以及发展为目标。所以，要充分结合旅游地所处的生命周期阶段对产品结构和开发方向进行及时的调整，转变市场营销策略，使旅游发展的环境得到改善，最终达到延长旅游地生命周期的目的。

（3）指导旅游产品的创新开发。产品生命周期的外在表现形式便是旅游地生命周期，产品的每一次成功创新都会推动旅游地快速步入下一阶段。所以，生命周期理论从另一个角度证明了创新旅游产品是非常重要的。

二、旅游规划的方法

（一）实地考察法

实地考察是旅游规划开展特别强调的基础性工作方法。根据规划开展的工作需要，除了重点对旅游资源等进行实地调查外，还要对旅游市场、当地居民、旅游企业进行实地访谈、调查，获取照片、调查笔记等大量第一手资料。规划的开展特别强调实时性，因此，获取和占有第一手资料是开展旅游规划的核心工作之一，也是花费最大的基础性工作。由于旅游景观、旅游市场状况在不同季节有较大差异，因此，实地考察需要反复多次进行。为此，在规划开展前，必须制订详细的考察计划，配备相应学科的专家和助手，以确保调查任务的完成。

（二）"头脑风暴"法

由于旅游规划内容十分复杂，经常需要多学科的专家就重要问题进行集体讨论，因此，一个比较时髦的问题讨论的方法——"头脑风暴"法在旅游规划的过程中得以应用。"头脑风暴"一词，最早源于精神病理学，如今成为无限制的自由讨论、联想的代名词，进行"头脑风暴"的目的就是激发新思维或产生新观念。它也被称为自由思考法或智力激励法，是由美国创造学家 A.F. 奥斯本于 1939 年首次提出、1953 年正式发表的一种激发性思维的方法，该法后被各国创造学研究者广泛运用，大力发展。

"头脑风暴"法包括质疑"头脑风暴"法（也叫作反"头脑风暴"法）与直接"头脑风暴"法（可简称为"头脑风暴"法）。直接"头脑风暴"法是在专家群体的决策中形成尽可能多的设想、尽最大可能激发创造性的方法，质疑"头脑风暴"法是对直接"头脑风暴"法中提出的方案与设想进行逐一质疑，并对其现实可行性进行分析。

在运用"头脑风暴"法进行群体决策时，要召集相关的专家召开专题会议，负责主持的人要为全部参与者详细地阐明问题，宣布会议的规则，努力营造轻松、融洽的会议氛围。为了保证这种自由的会议氛围，负责主持的人通常不发表意见，而是让专家们提出尽可能多的策略。

第二章　旅游资源开发与规划

（三）客源市场调查法

旅游客源市场调查是在开展旅游规划的过程中最常使用的方法，其基本程序是根据规划任务的需要，事先设计好问卷，选择规划地不同的旅游景点、旅游饭店等旅游服务地点发放问卷，或者在旅行社的协助下向游客、当地居民、旅游企业随机发放问卷，并对收回的有效问卷进行统计分析。旅游客源市场调查的内容通常有游客的一般特征，对旅游景点、旅游服务设施、旅游服务质量的评价等。这类调查可以根据需要，在规划期间的不同地点反复多次进行，问卷内容可以根据需要进行相应调整，调查的地点可以设在规划地，有时要选择重要的客源地进行调查。

（四）旅游规划的技术方法

1. 遥感技术

遥感一般指的是对装载于卫星、飞机等平台上的传感器加以运用，对地面或地面以下一定深度中的物体反射或发射的电磁波信号进行捕获，从而对某一现象或物体进行识别的技术。它主要分为三种类型，分别是地面遥感、光学遥感以及热红外遥感。它具有反映地物动态变化特征、实时客观地获取信息、直观性强、观察范围广等特点。其应用范围非常广泛，如旅游、军事和农林等。遥感对旅游规划的作用主要体现在以下五个方面。

（1）对调查规划区旅游资源有很大帮助。遥感所具备的自身优势，让它能够很容易找到地面的旅游资源，并观察到肉眼不能轻易看全且面积较大的地物特点。除此之外，遥感还对发现地下旅游资源很有帮助。

（2）能提高野外调查的效率。由于现场踏勘受时间、空间及主观因素的影响，估测结果难免有些偏差，选用航空拍摄的图像，并在图像上注记村镇、河流、水库、山脉等主要地物的名称，不但可以提高本底资料的精确度，提高工作效率，而且对了解植被分布和土地利用情况非常有用。

（3）能够为旅游资源的保护提供服务。遥感通过周期性地监测旅游资源，可以发现旅游资源的退化以及破坏情况，之后可及时进行挽救。

（4）对分析规划区和其他区域之间以及旅游规划区的六要素间的空间关系有帮助。

（5）有利于借助具有极强真实感的遥感影像地图来对鸟瞰效果图或规划设

施布局图进行描绘,让普通大众更加易于识别规划布局的设想,从而征得更广泛的社区意见。

2.信息网络技术

快速发展的互联网和相关信息技术,对旅游宣传、评价具有划时代的意义,改变了旅游市场营销格局。信息网络技术是发展于20世纪90年代中期的一项新技术,它将处于互联网中的分散的信息资源转化为一个有机的整体,让人们可以充分地运用资源获取自己想要的信息,从而真正实现资源间的全面共享。

随着互联网高新技术的大规模推广、应用与普及,产生了各式各样的在线旅游网站,众多旅游服务争相"上网",如旅游天气预告、景区景点介绍、旅游新闻、旅游服务预订、旅游线路查询等,越来越多的人开始将互联网作为获取信息的重要途径,也产生了诸如"Expedia""携程"等旅游新业态。所以,借助网络信息技术来宣传旅游业和促销旅游商品,可使旅游业的宣传力度进一步增强,促销的渠道和范围得到拓宽,促销效果得以提升。尤其是"90后"年轻游客群体和入境旅游者大多习惯于从互联网上搜索信息,查询旅游线路,预订交通工具、酒店、景区(点)。对于旅游企业来说,使用互联网进行促销不但能够使成本(只需支付很少的入网费)降低,而且能达到深入互联网单位与个人的效果;在对旅游信息进行更新、补充的同时,进一步掌握规划区旅游的发展状况,并增强自身的吸引力。这对日益增多的互联网用户与规划区的信息化建设来说,是一种极具吸引力的方式,能够推动旅游业宣传工作的开展。

在旅游规划中,信息技术主要被应用于以下五个方面。

(1)旅游规划委托方进行相关信息的搜索、收集。如今,中华人民共和国文化和旅游部已经设立了旅游管理信息系统,包括旅游规划招投标信息、规划资质单位信息以及相关规划成果评审信息等。许多规划委托方都是通过互联网比较、筛选、了解规划编制单位的相关信息。

(2)旅游规划编制单位了解规划区情况。进行实地考察之前,旅游规划编制专家往往通过互联网,较为详尽地搜集规划区的相关情况,以便更有针对性地做好规划前期准备工作。

(3)规划编制信息沟通。旅游规划自始至终需要在规划委托方与规划编制方之间、规划编制者之间、规划主管部门与当地居民之间沟通规划信息,在这个过程中，互联网是最为便捷、经济适用的沟通工具之一。

（4）在网上进行征询、设计调整问卷以及收集数据。

（5）对虚拟化的旅游信息中心进行规划设计。

对于高端游客来说，规划建设标识和旅游信息中心起不到太大的宣传作用，相对来说，旅游杂志、电视、广播、互联网以及亲朋好友的口碑宣传更为有效。旅游市场对于美化道路两边景观的需求非常强烈，因为广告牌的存在影响了景观，这是游客们所不希望看到的。许多地区，如某些比较成功的旅游目的地，已经明令禁止广告牌的出现，并对其他指示牌的使用有严格的规定，其发展趋势是信息网络技术逐步替代物质化的旅游信息中心。这从国内外许多旅游信息中心建成后就被游客冷落中可以看出。

第三章　旅游资源调查与评价

第一节　旅游资源调查

一、旅游资源调查的含义

旅游资源调查指的是利用有效的手段与科学的方法，对旅游资源及有关因素的资料和信息有目的地进行分析、整理、记录、收集与总结，以此来确定旅游资源的存量情况，并为旅游经营、管理、规划、开发和决策提供科学依据的活动。

这个定义包含如下四层含义：第一，界定了旅游资源调查的范围。调查既包括旅游资源本身，又包括与之有着因果关系和密切联系的影响因素。第二，对旅游资源调查的过程进行了说明。将旅游资源信息资料进行系统的收集、整理、分析、记录与总结。信息载体的多样化，使提供和传播旅游信息的渠道大大增加，但对旅游资源信息的采集一定要经过严格的调查，以去伪存真，去粗取精，为我所用。第三，证明了旅游资源调查必须使用科学的策略与方法，包括资料的搜集、整理以及分析方法。在此过程中，必须使旅游资源调查方法的科学性得到保障，选用那些在科学原理指导下形成的，并被实践证明的行之有效的方法，保证旅游资源调查所取得的结果更加可靠、客观。第四，对旅游资源调查的目的进行了强调。调查本身不是目的，而是一种了解过去、认识现在、预知未来的方式，旅游资源调查的现实目的就在于对某个区域旅游资源的存量状况进行确定，并为旅游资源的决策、规划、管理、开发、经营提供科学且客观的依据。

二、旅游资源调查的功能

（一）描述功能

在调查旅游资源的基础上，可以对地区旅游资源的存量状况及类型进行把控。对于资源的数量、面积、规模、结构、级别等资料信息的搜集与描述，有助于全面掌握旅游资源的情况，并为确立旅游业的发展方向及旅游资源的开发导向提供可靠的依据。

（二）诊断功能

使用调查旅游资源的方式，能够总结出旅游资源的时代变异性、功能价值、文化特征、经济特征、时间特征、空间特征以及各种特性的成因与形成环境。现代旅游业向多样化、个性化的方向发展，旅游资源的内涵和外延在不断扩大，因此，更需要对旅游资源进行严格而科学的诊断，最有效的诊断途径就是旅游资源调查。

（三）预测功能

通过旅游资源调查，旅游资源信息系统可以得以完善与充实，为旅游管理者的决策与预测打下基础，以便找到新的开发旅游客源市场、旅游产品和旅游资源的机会。旅游预测是建立在旅游资源调查的基础上，以调查的数据信息为依据，对未来的不确定事件或难以确定的事件所进行的估计。可以说，旅游预测是旅游资源调查的延续。

（四）效益功能

在调查旅游资源的基础上，对旅游资源的社会效益、生态效益与经济效益等进行充分把握，有助于推动生态、经济与社会三大效益的协调发展。在某种程度上，一个国家或地区的自然旅游资源和人文旅游资源所带来的社会效益与生态效益远远高于其经济效益。

（五）管理功能

旅游资源管理部门由传统的经验管理转变为现代的科学管理的关键就是重视旅游资源的调查。对旅游资源进行调查，能更加全面地掌握旅游资源的利用、保护以及开发情况，从而更好地管理区域内的旅游资源，促进先进管理手段的引入，并打造出与旅游资源功能、分级、性质、规模、分类、分布等方面相关的资源信息库，推动旅游资源的利用、保护以及管理工作的现代化与科学化，使得旅游规划部门与管理部门在制定旅游规划时有更加真实、具体的资料信息。

三、旅游资源调查的类型

旅游资源调查类型多种多样，每种调查方式都有其独特的功能和局限性。

按照旅游资源调查的目的、任务和被调查对象的特点，选择科学的调查方式，才能准确、及时、全面地取得所需的各种资料信息。

（一）按旅游资源调查需解决的问题划分

1. 旅游资源普查

旅游资源普查是一种综合性的调查，主要针对远景规划区或是旅游资源开发区内的各种旅游资源及与之有关的因素。该普查大多以实地考察为主，一般借助具有大、中比例尺的图片和航空照片，利用摄影、摄像、素描等手段记录材料，所获取的资料较为全面，资料的准确性、精确度和标准化程度较高，得出的结论具有普遍性。但是，旅游资源普查对时间、人力、资金消耗极大，调查项目也不可能很细，对调查对象的调查缺乏深度，较难反映旅游资源现象深层的变化和细微的差别，因而多适用于对旅游资源的宏观了解与认知。

2. 旅游资源概查

旅游资源概查指的是对旅游资源的探测性或概略性进行调查。该调查初步的目的是发现问题，主要应用于调查人员不完全清楚所要调查的问题或是对该调查的具体内容与重点不能确定的情况。它的作用是探寻形成问题的原因及其症结所在，并为之后的深入调查做铺垫。一般情况下，旅游资源概查会采取相对简单的方式，大多以定性调查为主，以尽量节省时间，迅速发现问题所在。

3. 旅游资源详查

旅游资源详查能够对调查区内部的旅游资源进行更深入的了解，其能够掌握更为透彻的微观资料。旅游资源详查一般在概查和普查的基础上进行，除了深入调查对象的成因、特征及景观类型之外，还要对景观的最佳观景位置、观景场地、地形高差、游览路线等进行实地勘查、测量。旅游资源详查往往带有研究性和规划性，要求每个调查对象都有具体数据，专题论证并研究重点问题，并为关键的问题提供具备规划性的意见。详查结果要编制成景观详图或具体材料图件，形成详细的文字报告。

（二）按旅游资源调查的不同对象划分

1. 典型调查

典型调查是根据旅游资源调查的任务与目标，以充分分析被调查对象为基础，有意识地选择一个或若干个有代表性或具备典型意义的单位进行调查研

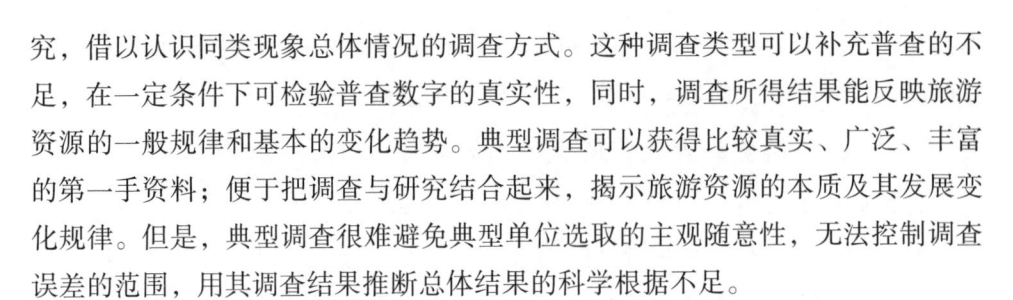

究，借以认识同类现象总体情况的调查方式。这种调查类型可以补充普查的不足，在一定条件下可检验普查数字的真实性，同时，调查所得结果能反映旅游资源的一般规律和基本的变化趋势。典型调查可以获得比较真实、广泛、丰富的第一手资料；便于把调查与研究结合起来，揭示旅游资源的本质及其发展变化规律。但是，典型调查很难避免典型单位选取的主观随意性，无法控制调查误差的范围，用其调查结果推断总体结果的科学根据不足。

2. 重点调查

重点调查是旅游资源调查中经常采用的一种调查方法。其是在众多调查对象之中选出那些能够对全局起决定作用的关键单位来调查，从而掌握调查总体的基本情况的一种调查方法。如果调查任务只需要了解调查总体的基本情况，调查的标志相对单一且集中于少数单位，这部分单位的标志数量又在总体中处于优势，就比较适合用重点调查的方法。

3. 抽样调查

抽样调查指的是在遵循调查任务所确定的范围与对象的情况下，在调查总体里让部分对象成为调查研究的样本，并利用获得的样本结果对总体结果进行推演的调查方法。抽样调查是现代调查中一种重要的调查方式，是目前国际上公认和普遍采用的科学调查手段，在旅游资源调查中的作用越来越显著，为旅游调查、管理部门广泛采用。抽样调查具有较高的准确性、一定的经济性与较强的时效性。对于那些在旅游资源调查中不必要或不能完成全面调查的现象，或者是在时间、物力、人力及经费有限的情况下，或对普遍调查结果质量进行验证时，适合使用抽样调查方式。

四、旅游资源调查的内容

旅游资源调查是为了查明可供旅游业使用的资源状况，为区域旅游的规划与开发提供服务，同时，为旅游评价奠定了科学基础。掌握旅游资源存在的背景、产生的原因以及旅游资源开发的环境条件，对旅游资源存量情况进行进一步的掌握，了解旅游客源市场的变动，收集旅游业要素概况等，都是旅游资源调查活动基本内容。

（一）旅游资源环境调查

1. 自然环境调查

自然地理环境的地域差异性是形成自然旅游资源的基本条件。人类活动所及的岩石圈、生物圈、水圈和大气圈，均可以形成不同类型的旅游资源。一定地域或一定地点地表层各组成要素的相互作用，形成了独具地方特色的自然景观。调查旅游资源就应该了解其自然环境。

（1）调查区的概况。其包括旅游资源的范围和面积、中心位置和依托城市、所在区的行政归属和区划、调查区名称等。

（2）地质地貌要素。地貌地形、地质结构、地层、岩石是形成自然景观的物质条件。在调查某一区域的旅游资源时，要对调查区地貌地形的分布特点、地质构造、发展规律与活动强度甚至地层、岩石等进行调查研究，从而更全面地掌握调查区的整体地质地貌特征。

（3）水体要素。在植被、气候与地质地貌等因素的共同作用之下，调查区的海洋、泉水、瀑布、湖泊、河流、冰川等水资源可以形成形态各异的水体景观，从而形成多种多样的自然旅游资源。调查包含：地下水和地表水的分布与类型，能够开采的水资源，季节性水量的特点与变化规律，已经发生或将会发生的水灾及其可能给旅游资源带来的不良影响等。

（4）气候气象要素。气候和气象与其他自然地理要素配合可形成具有特色的旅游吸引物，如避暑胜地、热带雨林景观、干旱沙漠景观、寒带冰雪景观等。大气中的风、云、雨、雪、霜、雾等，也能产生旭日、夕阳、海市蜃楼等具有观赏价值的旅游景观。调查区的年降雨分布与降雨量，大气的成分与大气的污染状况，湿度、温度、光照等的变化，气候的特色、种类与其的变化规律等都是调查的内容。

（5）动植物要素。自然环境调查中包含的动物种群与植物群落，与人文旅游资源或自然旅游资源进行组合，就能够产生别具魅力的珍贵旅游资源。其调查的内容包括调查区总体动植物的分布和特点，具有观赏价值的动植物的数量与种类，生存于特定环境中的稀有动植物的活动规律、拥有数量和生长特点等。

2. 人文环境调查

人文环境是形成人文旅游资源的基本条件。经济、社会、历史和文化多层面、多角度共同作用，使得一个区域形成历史遗存，造成区域之间社会文化的差异，形成具有审美价值的社会文化现象，建设使游客需求得到满足的人工建筑，让其变成宝贵的精神财富，成为珍贵的人文旅游资源。

（1）历史沿革。在调查时，主要掌握调查区的发展历史，包括行政区划的调整，历史上发生过的重大事件，建筑的形成，著名历史人物及其经历，重大活动对该地历史景物的影响等。

（2）经济环境。在调查时，主要掌握调查区经济的发展水平及特点，包括国民生产总值、劳动力成本与就业率、经济概况、消费结构与消费水平、物价与物价指数水平、居民收入水平、工农业生产总值、国民经济发展情况等。

（3）社会文化环境。在调查时，主要掌握调查区居民的受教育程度、职业构成、民族分布、价值观念、文化水平、社会审美观念、医疗环卫、邮电通信、风俗习惯以及使用新设备、新工艺和新技术的状况等。此外，还要对当地接受新事物的能力与旅游的社会氛围进行调查。

3. 政策法规环境调查

该调查主要掌握调查区内对旅游资源的管理、开发形成制约与影响的相关政策与方针。其调查内容包括社会经济的发展规划，地区经济政策的稳定性、连续性，对外政策的变化及调整，旅游机构的设置变动及对《中华人民共和国环境保护法》等相关法律的执行情况。

（二）旅游资源存量调查

1. 类型调查

掌握调查区旅游资源所包含的类型，对旅游景区、景点资源的开发、保护和建设工作有很大帮助。结合不同的目标，可以将旅游资源自身的特点、旅游活动的性质、综合资源的特点以及旅游者的体验作为分类的标准。对类型调查来说，通常情况下是以国家旅游部门所制定的《中国旅游资源普查规范》为依据。

《中国旅游资源普查规范》将旅游资源系统分为态、系、类、型、级五种类型，主要包括已开发态、待开发态、潜在态三态，服务景系、自然景系与人文景系三大景系，抽象人文吸引物景类、当代人文吸引物景类、旅游服务景类、其他服务景类、其他人文景类、其他自然景类、历史遗产景类、水文景观景类、气候生物景类、地文景观景类10个景类，95个景型。景型是最基本的景类，用景域、景段、景元三级体现景型的规模,用景型定性旅游资源的单体属性。

2. 特征调查

旅游资源调查的重点内容是掌握调查区旅游资源的特点。调查以旅游客源市场需求为立足点,对调查区旅游资源特点进行鉴别。其主要包括如下内容。

(1)峰、峡、洞、石、崖以及特殊的名山和火山等的数量、组合形式、遗迹、分布情况、造型特点、成因、年代等。

(2)瀑、井、河、湖、泉等的利用情况、成因、季节变化、水质、环境特性、温度、形态、流量、深度、蓄水量、高度差、观赏特点、源头、面积、地理位置等。

(3)日落、日出、雾、云、风、降雪、降雨、空气湿度、光照、温度等的年均舒适旅游日数、季节、浴疗价值、持续时间、观赏位置等。

(4)观赏性植物的观赏部位、果期、花期、数量、分布位置、种类;古树名木的冠形、年龄、冠幅、胸径、树高、树种、生长环境、位置以及分布特征;森林景观里具备观赏价值树木的数量、林副产品种类、土特产品、景观特点、面积、垂直分布、规模;珍稀动物与野生动物的生活习性、活动规律、栖息环境、种类等。

(5)历史建筑的建筑年代、历史、分布情况、占地面积、建筑数量、建筑风格、建筑保存状况、名胜古迹种类、相关建筑的故事和传说、艺术价值、目前利用状况等。

(6)革命纪念地的保护情况、文物位置、革命活动与文献记载等。

(7)各民族的民俗民风、故事、传说与神话;村寨建筑风格、传统食品、信仰、服饰与民族生活习惯;历史文化名人情况;各种庆典活动、节日活动和纪念活动等。

(8)独具特色的旅游资源景观,如张家界、九寨沟、五大连池、大宁河小三峡等;具有特殊功能的景观,如登山、探险、考察、狩猎、漂流、滑雪、攀崖等;适合科学考察和教学实习的景观,如典型地质剖面、标准地貌形态、重要古生物化石和古人类活动遗迹等;特有的或名列世界前茅的旅游景观,如青藏高原。

3. 成因调查

各种类型的旅游资源都存在于调查区之中,特别是在对具备该地特色的旅游资源进行调查时，要对其发展历史、人文资源和自然景观存在的因果关系、存在时限、利用价值以及形成原因进行充分调查。

4. 规模调查

资源的水平与可再次开发的程度受调查区内旅游资源的级别、数量、规模的直接影响。规模调查内容包括资源类型的数量、分布范围和面积、各级风景名胜区、文物保护单位、自然保护区、森林公园等。

5. 组合结构调查

进行该调查，需要对调查区旅游资源的组合结构进行充分了解。其调查内容包含自然景观内部的组合、人文景观内部的组合以及人文景观和自然景观的组合。资源组合的结构和形式是多种多样的，如水和其他旅游资源要素产生的组合有水与船工民风组合、水瀑组合、水树组合、水洞组合、水与渔船组合、水峡组合、山水组合等。

6. 开发现状调查

旅游资源包括三种形态，分别为潜在态、待开发态及已开发态。调查开发现状包括旅游资源目前的开发状况、旅游收入、旅游人次、季节、消费水平、类型、项目、时间及附近地区同类旅游资源的开发计划与发展规模等。

（三）旅游要素调查

组成旅游活动的六大要素分别是宿、食、行、游、购、娱，而与之相应的住宿、饭店、交通、游览、购物、娱乐等软硬件设施，既是旅游业的主要组成部分，又是形成旅游吸引物的重要服务景观。

1. 交通调查

交通调查包括航空、水运、铁路、公路交通状况，景点缆车、高架索道、观光游船、出租车、旅游汽车等设施，港口、码头和车站的质量与数量，交通工具和景区之间的路面质量、距离、运输承受能力、行程时间等。

2. 住宿调查

住宿调查包括游船旅馆、度假村、野营帐篷、农舍式小屋、别墅、供膳寄宿旅馆、汽车旅馆、饭店等多种住宿设施的利润总额、固定资产、房间数、营业收入、客房出租率、床位数量、档次、接待能力、分布情况、功能、数量、规模等。

3. 餐饮调查

餐饮调查包括餐馆的特色菜品与小吃、分布状况、档次、数量、规模、服务质量与卫生情况等。

4. 其他服务设施调查

其他服务设施调查包括音乐厅、影剧院、咨询服务中心、娱乐中心、艺术中心、理发美容厅、购物中心、购物广场、零售商店、旅游商品专卖商店与专柜、高尔夫球场、影视厅、邮电通信、医疗服务、会议中心、保险业务等的数量、分布情况、服务效率、服务人员素质、服务频率。

（四）旅游客源市场调查

1. 旅游者数量调查

调查各类游客的数量、年龄、性别、职业、民族、分布地区、入境方式和国籍等。了解年游客数量、季客流量、月客流量和日客流量。了解团队与散客旅游的比例、过夜人数、游客滞留时间等。

2. 旅游收入调查

调查旅游者在行、游、购、住、食、娱等方面的最高和最低消费的比例、人均日消费与消费组成，调查国内游客旅游收入、海外游客创汇收入与日、月、季、年的旅游收入以及旅游收入所产生的社会贡献率和旅游收入在该地经济中所占的比例。

3. 旅游动机调查

旅游动机是激励旅游者产生旅游行为、达到旅游目的的内在原因，它包括探亲访友的交往动机，体现自尊、获得个人成就、为人类做贡献的声望和地位动机以及满足求知欲的文化动机。

第二节　旅游资源评价

一、旅游资源评价的含义

旅游资源评价的关键在于选择指标因子，并采取一定的科学方法鉴定并评

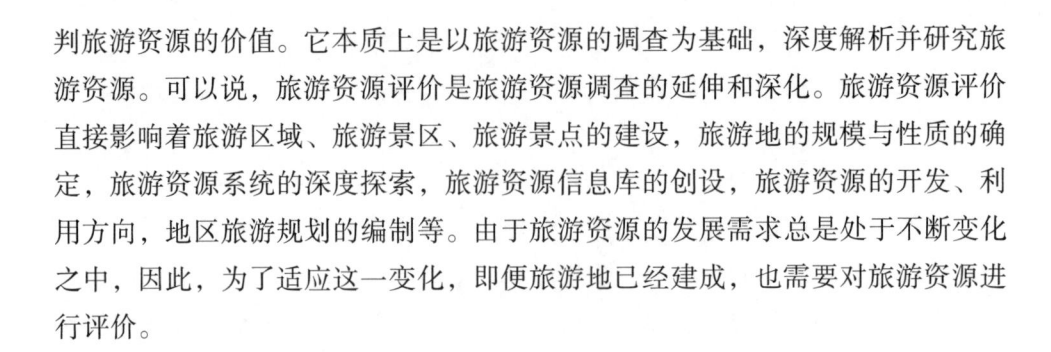

判旅游资源的价值。它本质上是以旅游资源的调查为基础,深度解析并研究旅游资源。可以说,旅游资源评价是旅游资源调查的延伸和深化。旅游资源评价直接影响着旅游区域、旅游景区、旅游景点的建设,旅游地的规模与性质的确定,旅游资源系统的深度探索,旅游资源信息库的创设,旅游资源的开发、利用方向,地区旅游规划的编制等。由于旅游资源的发展需求总是处于不断变化之中,因此,为了适应这一变化,即便旅游地已经建成,也需要对旅游资源进行评价。

二、旅游资源评价的目的

旅游资源评价的目的主要有以下四个方面。

第一,统一对旅游资源的认识。采取各种各样的评价方法与模式,能够使人们对旅游资源统一认识,并按照旅游需求以及客观规律对旅游资源进行合理开发。

第二,明晰旅游资源的质量。旅游资源的质量体现在对客源市场的认识或感知。借助对旅游资源的性质、构成、组合、种类与功能的评价,确定旅游资源的质量,论证其的吸引力,从而对其在旅游地开发建设中所处的地位进行评估。

第三,确定旅游资源的规模。旅游资源的规模包括两个方面的内容,分别是资源容量与资源密度。它们之间是相互联系的,通过鉴定旅游资源的类型数量密度、承载容量,来确定旅游资源的丰度、组成、数量和类别,为分级管理、规划提供判断的标准与依据,还有助于拟定新旅游资源开发计划与旅游资源结构。

第四,有助于确定旅游资源的开发顺序。在旅游资源评估中,可先评估旅游资源的文化内涵、区域组合性、品位、规模、数量、类型等,然后评估旅游资源的投资施工、社会经济、自然生态、客源市场与区位等。其目的在于将区域内不同地域的旅游资源的开发价值进行比较,根据管理、规划的意义进行重要性排序。

三、旅游资源评价的主要内容

旅游地经营管理与综合开发的关键环节就是确定旅游资源的评价内容,对旅游资源进行更加客观、科学的评价。区域旅游资源的开发利用度、旅游地的前途命运受评价结果的直接影响。除此之外，评价结果还关系到旅游地规划开发方向和战略布局等一系列重大问题。一般来讲，旅游资源评价包含以下三项内容。

（一）旅游资源质量

旅游资源质量指的是旅游资源的特性对指定旅游活动的价值高低与适配程度。旅游资源和资源质量成正比，旅游资源与旅游活动的适配度越高，其质量也会越高。高质量的旅游资源会对游客产生强大的吸引力。

1. 旅游资源特性与特色

旅游资源质量决定其对游客的吸引力，形成了别具一格的旅游景观。作为衡量旅游地对游客吸引力的重要条件，旅游资源的特色、特性是旅游资源开发产生旅游效应的动力与生命线，以及旅游资源开发的超前性、可行性的决定因素。

2. 旅游资源的节律变化

旅游资源的节律变化，必然影响到旅游活动，使之产生空间和时间上的周期性变动，如以避暑为主的旅游资源，以冬季雪景观赏为主的旅游资源，以内河漂流为主的旅游资源，都会随节律变化出现一定的变化，使得旅游活动出现淡、平、旺季的周期性变化。

3. 旅游资源的价值与功能

旅游资源的价值通常和人的价值观与审美观密切相关，一般情况下能够反映出旅游资源的水平、质量。旅游资源的功能不但是旅游资源价值的具体表现，而且是旅游资源可供开发、利用的特别功用。旅游资源的功能和价值是影响旅游地资源开发方向、市场指向与开发规模的决定性因素，必须对其做出如实、科学的评价。

4. 旅游环境背景

其主要评价内容如下：①景观组合，涉及景观空间、类型组合等。景观组合不理想的话，则风景区内容单调；景观组合良好，自然、人文、历史等景观交叉融合，就能同时体现自然美景和文化意蕴。②环境舒适度，涉及海水海滩质量、气候条件、大气状况、水量水质、植被覆盖率、保护效果等自然环境质量，以及文化特征、文化素养等人文环境质量。③生态承受力。旅游活动对旅游地生态的影响程度与旅游地的生态承受能力有关，对生态承受力的评价分为自然生态承受力评价和人文生态承受力评价两个方面，自然生态承受力评价主要涉及自然资源与环境对旅游开发的承载能力，人文生态承受力评价涉及社会经济条件、当地文化的兼容度与社区居民的旅游开发态度等因素。

（二）旅游资源规模

旅游资源规模包括旅游资源密度与旅游资源容量两个方面。它们之间是相互联系的关系。在通常情况中，它们之间的内在关系是相对稳定的，旅游资源密度将旅游发展的现状或区域资源现状展现出来，旅游资源容量则是体现旅游接待的限制性条件。

1.旅游资源密度

旅游资源密度指的是景区中能够用来观赏的景观资源的集中程度和数量多少，它通常用单位面积中的景观数量来衡量。一般情况下，景观资源数量多，相对集中，且布局巧妙、合理的地区，是最佳组合状态和理想的资源开发区；相反，则难以形成旅游景区。

2.旅游资源容量

旅游资源容量指的是在旅游资源质量得到保障的基础上，旅游资源在一定时间内能够承载的旅游活动量。旅游活动的特点对旅游资源的容量起决定作用，同样规模的旅游资源，用时长且人均占地多的旅游活动的容量要远远小于用时短且人均占地少的旅游活动的容量。

在计算旅游资源的容纳能力时，可用旅游资源的空间规模除以每人最低空间标准，即可得到旅游资源的极限时点容量，再根据人均每次利用时间和旅游资源每日的开放时间，就可得出旅游资源的极限日容量。一般情况下，旅游资源容量都是从容人量和容时量两个方面来衡量的。旅游资源景观数量越多、规模越大、场地越开阔、景点布局越复杂、游程越长，它的容人量和容时量就越大；反之，旅游资源景观越稀少、类型越简单、场地越狭小，其容时量和容人量就越小。

（三）旅游资源开发利用环境条件

1.旅游资源的区位环境条件

不能低估区域位置对游客吸引力方面的影响，国内外许多旅游景区和景点凭借其独特的地理位置优势而增强了吸引力；相反，由于地理位置不利，某些旅游资源，如雅鲁藏布江大峡谷则难以开发和利用。

2. 旅游资源的自然生态环境条件

地质、地貌、土壤、水文、气候、动物和植被等自然要素所构成的自然生态环境，是旅游活动的主要外部环境与整体感知旅游资源区形象的关键因素。自然生态环境还包含着旅游景区中除旅游资源之外的自然生态旅游环境，即游客从事具体旅游活动时的小环境，与旅游地及其附近受旅游活动间接或直接影响的自然生态系统环境，也就是进行旅游活动时所处的大环境。评价旅游资源时，需对自然生态环境条件进行客观、科学的评价，并根据环境要素的作用机制及影响范围、深度、速度等因素，预测旅游环境的演化状况，为旅游开发决策提供可靠的依据。

3. 旅游资源的社会经济环境条件

旅游地的生活方式、居民平均收入、社会开化程度、国民总收入、基础设施与旅游专用设施的容纳能力、民情风俗、区域所能投入旅游业的人力资源、人口构成、主要经济部门的收入渠道、总消费水平等，都属于影响旅游资源的社会经济环境条件。通常来讲，倘若旅游资源自身具备较高的价值，所处的社会经济环境很好，开发利用价值就会显著提高；相反，如果其所处的社会经济环境不好，开发利用价值就会明显降低。

4. 旅游客源的市场环境条件

客源市场决定着旅游资源的开发规模和开发价值，因此，要在科学、周密的旅游客源市场调查的基础上，充分掌握游客的需求，了解旅游活动、游客消费水平、旅游消费结构和客源市场的规模，对地区性客源市场、国内客源市场与海外客源市场的动态需求走向进行预测，因地制宜，明确旅游资源的开发规模等级，并从客观的角度评定旅游资源的开发利用价值。

5. 旅游资源的投资施工环境条件

在开发旅游资源的时候，必须将投资环境，包含地区政策、给予投资者的优惠条件、经济发展战略、地区社会治安状态等因素纳入考虑范围。开发项目的难易程度及其工程量的大小决定着施工的环境条件；施工场地的气候、地形、地质等自然条件与设备、材料、食品、供电、供水等条件，会对投资大小及受益早晚、施工进度产生影响。评价旅游资源时，必须合理地评价投资施工环境条件，只有这样，才能形成资源开发利用的整体价值。

总而言之，凭借对旅游资源的开发、质量与规模的综合评价，得到有关旅游资源的各种定性和定量结果，从而明确哪些旅游资源具有综合开发优势，具有开发前景；哪些旅游资源开发层次较低，目前不具备开发价值。根据自然与人文旅游资源的组合情况，为旅游资源组合的发展指明方向。

四、旅游资源评价的方法

旅游资源种类繁多，从评价方法的角度划分，有定性评价和定量评价两种。如果评价通过简单的加减方式或是经验逻辑判断来进行，就是定性评价；倘若评价是通过相对复杂的数学模型分析的评价方式来进行，就是定量评价。

作为开发并合理规划旅游地的前提，科学评价旅游资源是旅游地开发建设与旅游业发展当中一个不可缺少的环节，评价导向（即结果）对旅游资源可持续利用具有非常重要的意义。自20世纪50年代以来，旅游资源评价一直是旅游地理等学科领域关注的内容。在国外，主要从旅游资源的视觉质量评价、人类文化遗产价值评价和货币价值评价三个方面来评价旅游资源。资源评价还不断地引入社会学、行为学与经济学等学科的研究成果，多种学科的结合成为国外分析旅游资源评价法理论的关键力量。改革开放以来，中国旅游产业依托丰富的旅游资源而迅速壮大。与此同时，旅游资源评价研究也在借鉴国外研究成果的基础上结合了各个地方的实际，在适宜性评价、美学评价与旅游资源分类等方面，都取得了巨大进展。这些都为国内旅游发展提供了基本的方向剖析，并从理论上说明了资源价值的性质、构成和评价标准，奠定了资源价值论在旅游可持续发展理论当中的基础地位。

（一）旅游资源定性评价

旅游资源定性评价指的是评价者凭借自身的综合分析能力与知识经验，在对旅游资源区进行游览考察并结合相关资料完成推断分析后，对旅游资源做出的整体性印象评价，这是体现发展变化的根本属性与旅游资源事物现象的重要方式。相对来说，定性评价具有简捷且容易操作的特点，但由于其对精确度与数据资料的要求较低，导致其推理过程难以确定，结论不够精准，这也成为它的不足之处。

1. 一般体验评价

评价者结合亲身经历，对一个甚至多个旅游资源的整体质量进行定性评估，就属于一般体验评价。一般情况下，一般体验评价是游客回答问卷上的那些与旅游资源相关的问题，或统计报纸、书籍、杂志上的出现频率。该评价的项目相对简单，仅对知名度进行评价或对旅游资源的整体质量有要求。因此，它时常受到少数高知名度的旅游资源的限制，不能应用于尚未开发或是一般类型的旅游资源中。

2. 美感质量评价

通常情况下，美感质量评价以专家或游客体验的深层研究为基础而创造出的规范化评价模型，其评价成果都具有数量值或是可比性尺度，其中相对成熟的便是关于自然风景质量的视觉美评价技术。

（1）专家学派。林顿是专家学派中的代表者，专家学派觉得只要某一自然风景符合形式美的原则，那么它的风景质量就相对较高。质地、色彩、形体与线条是分析风景的四个基础元素，在评价中要注重协调统一性、奇特性和多样性等形式美原则对风景质量等级的重要影响，并依据有关的生态学原则，突出表现分类分级过程。

（2）心理物理学派。布雅夫与丹尼尔是心理物理学派的代表人物。这一学派将风景及其审美解释为刺激与反应间的关系，在风景质量的评价中加入了心理物理学的信号测定手段，对公众在风景方面的审美态度进行测量，从而形成一个能够对风景质量进行客观反映的量表，再进一步使这个量表和风景的构成成分之间形成数学关系。与此同时，该学派认为，人们的风景审美观是一致的，可以将其作为衡量风景质量的标准。风景审美是人和风景共同作用的过程，而将这一作用关系反映出来的定量模型就是在风景质量评估基础上建立的，风景的自然要素可以定量表达人类对风景的审美评判。首先，通过测量得出大众普遍的审美态度，借助幻灯与照片等工具，让人们对展示的风景进行美感评价；其次，在对展示风景的基本要素进行确定的基础上，建立风景的基本要素和风景质量两者间的有关模型；最后，将该模型应用在同类风景的质量评估中。以上便是风景质量评估的整个操作过程。

（3）心理学派。心理学派也被称作认知学派，它将分析探究人对风景的审美过程作为重点，把风景作为人的认识与生存空间来评价，注重风景对人的认知影响在情感方面的作用，试图通过人类的功能需要与进化过程来分析人对风景的审美过程。这一学派比较有代表性的理论观点有阿普尔顿的"瞭望—庇护"理论。其指出，处于风景审美过程中的人类，经常扮演着猎物与猎人的双重身份，借助人的生存需要来对风景进行解释评价。卡普兰夫妇将进化论作为基础，以人的生存需要为立足点，并将风景信息观点提出了，将风景审美理论模型进行了完善。他们认为，处于风景审美过程中的人们，不但关注风景的易于理解与辨别的特点，而且对风景中所包含的那些神秘的信息有兴趣。在金布利特等人对森林风景神秘性的积极探索中，找到了决定森林风景神秘性的五个因素，分别为林中光线、可及性、视距、障景以及空间局限程度。乌尔里希将心理学情感学说与进化论美学思维结合起来，认为最初的情感在人的风景审美过程中是非常关键的，观赏者对所见的风景的兴致是其最直接的表现形式，由此而形成更深层次的回避或欣赏的举动，对于观赏者对风景的认知评价来说，这个过程起着至关重要的作用。

（4）现象学派。现象学派又称经验学派，其主要代表人物是洛温塔尔。这一学派将人对风景审美评判所起的主观作用上升到一定的高度，这种评判被理解为人的兴趣和志向、文化历史背景和性格的体现。通常，其研究的途径是对那些著名文学艺术家与风景审美相关的名人日记、艺术作品及文学作品等进行考究，并以此来评析风景和人之间的相互影响，以及审美评判所形成的背景。与此同时，借助访问、调查与心理测量等手段，将当代人对具体风景的评价、感受记录下来。此类调查需要对个人的经历与对风景的感受进行详细记录，而不能简单判断风景的优劣，在此基础上，对形成风景价值的背景和环境进行剖析。因此，现象学派的评价结论一般不能为风景评价者直接应用。

3. 美学评价法

美学评价系统的审美结构相对复杂，心理特征、社会文化因素、审美素质、周围景观与人口地理分布这些因素都会对其进行限制，这些因素与景观信息系统的韵律信息、总体特征信息和意蕴信息呈平行对应关系，并构成了景观审美价值系统的三个层次。俞孔坚在评分法和比较评判法的基础上提出了平衡不完全区组比较评判法，在评价时先选用评判材料，以公众、专家、园林专业学生和非园林专业学生四个群体为评判者，根据心理统计结果，为四个被试群体分别制定景观审美评判的美景度量表。然后，分析美景度量表的分布检验，进行各类型间风景审美特点的相关分析、回归分析和差异分析。随后，得出评价结果。

4. 三三六评价法

三三六评价法是由北京师范大学的卢云亭提出的，此评价法包括三大价值，即科学考察价值、艺术观赏价值与历史文化价值，与环境效益、社会效益和经济效益三大效益，以及景区旅游容量条件、投资水平条件、景区交通条件、旅游客源市场条件、景物或景类的地域组合条件、施工难易条件六大条件。在对以上内容进行评估的基础上，实现评价旅游资源的目标。

5. 双向标准评价模型

双向标准评价模型指在对旅游资源进行定性评价的过程中，从资源的环境条件与资源自身两个角度出发，是黄辉实提出的。在对旅游资源的环境条件进行评价时，可运用季节性、环境污染情况、与其他旅游资源之间的联系性、可进入性、基础结构、社会经济环境、客源市场七个标准来实施评价；旅游资源所具有的价值，需要结合用、奇、特、名、古、美六字标准来衡量。

6. 八度指标评价模型

卢云亭等在研究项目《旅游特色资源价值体系和应用研究》里提出了八度指标评价模型，旅游资源的八度分别是知名度、组合度、审美度、保存度、规模度、奇特度、古悠度以及珍稀度，可以通过它们对旅游资源进行评价。

7. SWOT分析评价法

在评价时，可运用SWOT分析评价法对旅游资源内部和外部进行对比分析。该分析法产生于哈佛商学院，其中包含了代表优势的S（strengths），代表劣势的W（weakness），代表机会与机遇的O（opportunities），代表挑战的T（threats）四个方面。"S"和"W"这两个方面主要对比分析考察的是旅游景区内部的优劣条件，"O"和"T"则主要负责剖析外部条件，确定外部因素对旅游景区所产生的影响。

8. 视觉质量评价法

当代旅游资源视觉质量评价的理论基础源自康德的四个"美的契机"，该方法注重视觉质量评价的主观作用，将视觉质量评价认定为对景观的主观体验，因此，能够通过被测试者对景观要素的替代品体现出来的偏好来获取。

现场调查法是早期在进行视觉质量评价时使用率最高的方法，但其受限于样本区域与调查对象等。如今，视听技术得到了提升，因此，在进行景观视觉质量的室内评价检测时，结合该区域的宣传图片与幻灯片的方式逐渐普及。

测试的人能够将计算机制图技术应用于各种森林景观模拟的视觉质量评价中。部分学者对黑白照片与彩色照片对视觉质量评价产生的影响进行了研究，还有学者对景观俯视角与水平视角的照片对评价产生的影响进行了研究，更有人将蒙太奇技术和三维动态模拟技术运用于视觉评价当中。近几年，随着网络技术的不断发展，运用因特网研究景观视觉偏好的进程变快。收集调查对象的景观偏好以及对应的社会人口统计学等信息的方式有两种，分别是登录搜索引擎与发送电子邮件。

（二）旅游资源定量评价

旅游资源定量评价指的是评价的人以了解大量的数据资料以及充分结合固定的评价标准为前提，通过数学评价模型与科学的统计方式，对评价对象的数量变化幅度与其结构关系进行揭示后，对旅游资源做出的量化测算评价。此评价使定性评价的主观片面性在一定程度上得以消除，在让其评价结果更加清楚以及稳定性得到极大提升的同时，提高了其预测的准确度，从而减少了旅游资源评价的主观色彩，其结果通常可以作为旅游开发的决策依据。由于定量评价无法反映以后的不确定性因素的影响以及客观条件的突发性变动，无法表现那些无法量化的因素，再加上评价工作十分烦琐，所以更适用于专业人员。为了取得更加科学、客观的评价，往往会把定量评价和定性评价结合起来。

1. 地形适应性评价

作为一种重要的旅游资源因子，地形要素对运动类型的旅游活动来说是非常重要的。同时，它还影响风景观赏。陡峭崎岖的地形会给游客移动增添许多困难，这些问题通常需要利用如索道、缆车等人工设施来解决，但是地形要素所具备的这种特性却能为风景带来更高的美感质量。许多运动类型的旅游活动都对地形的倾斜度提出了较高的要求，如滑雪运动必须具备 35 度以下的地形坡度，但如果滑雪区缓坡的占地面积过大，就会对滑雪者的体验质量甚至是滑雪活动对滑雪者的吸引力产生影响。所以，各种旅游活动对地形所提出的要求，成为对地形适应性进行评估的衡量标准。

2. 气候适应性评价

全部的户外旅游活动都受气候的影响，对观赏性旅游活动来说，其影响体现在游客的体感舒适程度上；对运动性旅游活动来说，其影响主要体现在游客的活动质量上。

1966年，特吉旺（Terjung）在评估美国大陆的生理气候时，制定了两个评价指数，分别是舒适指数、风效指数。他选择了相对湿度、风速与气温这三项指标，并用风速与气温间的不同组合来表示风效的状况，用相对湿度与气温的不同组合来表示舒适程度。之后，再把获得的风效指数与舒适指数进行综合，产生具体评价的风效指数与舒适指数，从而得出气候适应性的生理评价结论。[①]

（1）舒适指数。舒适指数指的是人们对周围空气环境感到舒适的程度。根据大多数人的感受，特吉旺将相对湿度与气温之间的不同组合划分成11类，借助查舒适指数列线图得到舒适指数。根据天气要素的昼夜变化规律对人体生理活动规律的影响，一般利用四个指标，即月平均最小相对湿度与月平均最高温度，以及月平均最大相对湿度与月平均最低温度，得出涵盖昼夜状况的舒适指数，在昼夜温度和湿度变动幅度相对小的地区，或是不具备详细气候资料的情况下，也能够凭借平均相对湿度与各月平均气温这两项指标得到各月舒适指数。

（2）风效指数。该指数指的是在风速与气温各种不同组合的影响下，人们裸露皮肤所感受到的冷暖程度。结合大多数人的体感，可将风速与气温的组合划分成12类，借助查风效指数列线图获得风效指数。利用月平均最高气温、月平均最低气温及风速三项指标，可查出风效指数的昼夜值，再按风效指数图表所示的方法，得出涵盖昼夜的风效指数。

人们对于气候舒适度的要求，以舒适指数为主，风效指数为辅。若两者都在舒适区之内，则属于旅游旺季；若两者都在最佳舒适区范围内，便是最佳旅游期。舒适指数与风效指数是从气候角度评价某地的旅游价值，旅游季节持续的时间越久，所产生的价值就越高；相反，持续的时间越短，价值就越低。我国东北地区为温带季风气候，大部分地区只有3个月时间舒适指数在-1以上；南方地区为亚热带季风气候，全年大部分时间气候舒适度指数为-1～1。

---

① 覃卓司，吴仁海. 规划环评中气候变化适应性评价框架构建与应用[J]. 环境影响评价，2016，38(5)：39-42.

3. 层次分析法

层次分析法是现代数学提供的一种简易决策方法。作为我国最早把这个方法应用于旅游资源的定量评价中的人，保继刚首先归类并按层次划分了旅游资源的各种影响因素，从而确定了各因素之间的相互关系，构建了旅游资源的多目标决策树。其次，建立能够反映出决策树中各层次的影响因素间关系的判断矩阵。大多数情况下使用的是特尔菲法，该方法的操作过程如下：邀请一部分专家，让他们通过填表的方法，判断相同层次里的每个因素之间对其上一层次中的某个因子的重要性，以此得出判断矩阵的取值范围。最后，借助计算机来完成计算、检验、综合与整理，获得旅游资源评价的项目层、因子层与综合层的排序位次和权重。结合该排序，给每个因素设定相应的分值，旅游资源的定量评价参数表由此而产生。此表可作为旅游资源评价、打分的标准，从而得出综合的评价结果。

4. 货币价值评价法

货币价值评价方法与理论主要来自社会学、行为学、心理学、经济学、环境学等学科，和环境影响评价理论有着直接的渊源，并随着公共产品理论、福利经济学中的消费者剩余理论和个人偏好理论的发展而不断完善。

成本效益分析理论是货币价值评价理论的主要组成部分，货币价值评价理论的思想来自《论公共工程效益的衡量》里的关于消费者剩余的概念。舒适性资源的经济价值理论是在世界旅游业得到迅猛发展，旅游与环境间出现冲突问题的基础上而提出的。它认为有必要保护那些珍奇的、稀有的景观，严格控制可再生资源的使用。而舒适性资源的不可逆性、不确定性、真实性、唯一性等关键概念的提出，为以后的货币价值评价打下了坚实的理论基础。

如今的旅游资源货币价值评价方法与理论主要分为两类：第一类是替代市场技术评价法，它用消费者剩余与影子价格来估算旅游资源的货币价值，包括娱乐定价法、市场价值法、机会成本法、旅行费用法、费用支出法等，主要适用于没有市场交换但存在市场价格部分的评价；第二类是模拟市场技术评价法，它通过支付意愿对旅游资源的货币价值进行体现，目前最主要的方法是条件价值法。

（三）旅游资源评价方法的优缺点比较

无论是定性评价还是定量评价，都存在一定的缺陷。定性方法能够从总体上把握旅游资源的特征，但是主观性比较强，随意性大；而定量评价方法能够将资源评价要素分层处理，评价结果也比较清晰、客观，但是计算过程烦琐，缺乏类型特征数据的采集，难以在实践当中推广，其指标选择及确定的主观性也难以避免。因此，将定性与定量方法相结合，成为旅游资源评价方法的主要发展方向。20世纪80年代，国内外学界将聚类分析、灰色系统、人工神经网络等方法，单独或者联合运用于旅游资源评价，建立了AHP—模糊评价、模糊聚类、灰色层次评价模型。目前应用较为广泛的评价方法的优缺点对比情况如下。

1. 层次分析法

主要应用在辽宁沿海地区、安家沟流域，这种方法的优点是应用范围广，操作方法简单，缺点是主观性强。

2. GIS评价方法

主要应用在重庆、陕西，优点是客观性比较强，缺点是数据的搜索难度大，人文类信息不宜表达。

3. 模糊数学法

主要应用于海南琼海、西安古都，优点是能根据不同可能性得出多个层次的问题题解，可扩展性大，缺点是当评价指标相关时，容易造成信息重复的问题。

4. 货币价值法

主要应用于黄山风景区、武陵源风景区，优点是可以评价旅游资源的使用价值及非使用价值，缺点是难以获得确切的游客信息。

5. 灰色评价法

主要应用于老子山风景区、黄河三角洲湿地，这种方法的优点是对样本量没有严格的分布要求，数据不用进行归一化处理，缺点是对大批量指标数据分析的支持性较差。

6. 熵权法

主要应用于武夷山景区，优点是避免权重赋予的主观性，精度较高，缺点是遇到突然性变化的数据时易产生偏差，弱化主观者意图。

7. 主成分分析法

主要应用于西安地区，优点是可以解决指标间存在的信息重叠问题，同时对原指标体系中的指标结构进行简化，缺点是对统计数据量要求高。

8.单技术指标

主要应用于环渤海地区，优点是针对性较强，可比性也较强强，缺点是只适用于评价因素较少的对象，对评价人员的专业技术要求较高。

第三节　开封市旅游资源公共设施调查研究实例

本节针对开封市建设国际文化旅游名城的城市定位和发展目标，通过实地调查、问卷分析，并结合 GIS 技术，分析开封市主城区的公共设施配置，思考其公共设施数量、等级、区域分布是否合理，指示牌是否清楚，市民与游客的满意度高低，为提升开封城市旅游形象，需要在哪些位置增设旅游公共设施，运用 GIS 技术合理安排公共设施，明确指示牌照。

一、开封旅游资源概况

开封市位于黄河中下游平原的东部，地处河南省的中东部，其西面和省会郑州市相连，东面与商丘市毗邻，南面连接许昌市与周口市，北面依黄河，和新乡市隔河相望。开封市属于温带季风气候，这里四季分明，四时充美。开封市是河南省的省辖市，地处中原腹地，濒临黄河，是中国八个朝代的古都，也是中国八大古都之一、中国优秀旅游城市、国家历史文化名城、中国菊花名城、中国文化收藏名城、中国书法名城、中国成语典故名城。开封具有四大特色：文化遗迹丰富、城市分布绵长、古迹风貌浓厚、北方水城特色。

开封市具有悠久的历史。迄今为止，开封市有 4100 余年的建都史和建城史，夏朝和战国时期的魏国，五代时期的后梁、后晋、后汉和后周，以及北宋与金朝，都曾在此定都，因此，开封有八朝古都的美称。这里传承并发扬了汉唐、明清和具有深远影响的宋文化，出现了很多名人大家，有弘扬民族精神的岳飞和杨家将、变法革新的王安石、诗人阮籍、画家张择端、文学家蔡邕、教育家林伯襄、哲学家冯友兰、历史学家范文澜等。开封市还是有名的戏曲之乡、木版年画艺术之乡、盘鼓艺术之乡。

开封是一座风景如画的城市，这里有美丽的自然风光以及远近闻名的人文景观，有 11 个国家 5A、4A 级景区，19 处全国重点文物保护单位，五湖四河分布市区，水域面积 1.7 平方千米，占老城区面积的 1/4，素有北方水城之称。开封在每年春季都会举办中国（开封）清明文化节，在秋季会举办中国开封菊花文化节，吸引很多国内外游客前去游玩。随着国家级宋都古城文化产业示范园区建设的推进，开封旅游国际化的硬件基础和功能内涵越来越完善，一座精致秀美、古韵新风的国际文化旅游名城正在形成。

二、调研方式与实施

在调查开封市旅游资源公共措施时，可采用问卷调查方式，问卷发放时主要采用以下四种方式。

第一，入户发放法。在学校（初中、高中、大专、本科院校）、工厂、部队发放问卷，当面填答，当面回收。

第二，柜台填写法。在旅行社放置问卷，由旅行社主管人员、导游员和前往旅行社咨询业务的旅游者填写。

第三，景区拦截法。在开封市客流量较大的景区景点让游客填写问卷，如在清明上河园、万岁山森林公园、龙亭、开封府、翰园碑林发放问卷并让游客填写。

第四，网络调查法。利用 QQ 群和微信群的好友，通过聊天软件和 QQ 邮箱向好友发放电子版问卷。由于好友多为笔者的同事、同学及其教过的现已参加工作的学生，所以他们能清晰了解问卷的意图，问卷填写得都比较认真，回收率也较高。

最后，对回收的问卷进行简单分析，剔除废卷，并将调查数据录入系统，对数据进行量化处理。

三、开封旅游业公共服务基础设施建设的现状

衡量一个区域内旅游业发展水平高低的重要指标，是旅游公共服务体系的建设程度。对于旅游公共服务体系的构成，现在还没有一个统一的标准。一些学者指出，旅游公共服务体系主要是由旅游基础设施服务、旅游行业指导类服务、旅游公共信息类服务和旅游公共安全监测类服务这四个子系统组成的。旅游基础设施类服务主要包括旅游休闲服务和旅游交通服务。

下面将重点分析河南省在旅游公共服务基础设施方面的建设情况。

（一）形成了较为完整的交通体系

开封交通条件优越，陇海铁路、郑徐客运专线横贯全境，京广、京九铁路东西为邻；连霍、日南、大广、郑民商登、安罗六条高速公路相互交织，郑开大道、郑开物流通道、郑汴路直通省会，乘车到新郑国际机场仅需30分钟；郑开城际铁路26分钟即可抵达郑州高铁东站。随着中原经济区和郑州航空港经济综合实验区建设国家战略的深入实施，相关部门明确提出支持开封建设河南省新兴副中心城市，打造郑汴一体化升级版，开封已经成为河南省乃至国家中部地区最具发展活力的城市之一。

（二）各种档次的旅行社、旅游饭店布局日趋合理

全市目前拥有50多家快捷酒店与星级酒店，有2家五星级酒店，1家四星级酒店，14家三星级酒店，还拥有45家旅行社。其中，省直分社和国际旅行社有5家。旅游业直接从业人员3万人，间接从业人员14万人。旅游服务能够满足各个类别与消费层次游客的需求。随着开封市服务功能的不断提升，这里将以更加优良的设施、温馨的环境，为中外游人提供完善的服务。

（三）景区景点规模建设总量扩大，旅游精品工程建设成效显著

目前，开封市总共有213处名胜古迹景点。其中，有13处是全国重点文物保护单位，有22个旅游景区。这里的景点主要突出宋代的文化特色。清明上河园、开封府、大相国寺、龙亭、包公祠等景点典雅古朴，展现了宋代的建筑风格，是有着浓郁的宋文化氛围和北方水城美誉的旅游景区。这里的旅游设施较为完善，还有着历史悠久的菊花花会，旅游产业发展迅速。市区有1个国家5A级旅游景区——清明上河园10个国家4A级旅游景区，分别是开封府、大相国寺、万岁山·大宋武侠城、开封市龙亭公园、朱仙镇启封故园、铁塔公园、中国翰园碑林、天波杨府、焦裕禄纪念园、开封包公祠。。

四、存在的问题

（一）交通基础设施有待完善

城市交通基础设施尚未完善，城市道路交通面临巨大压力，道路养护资金

投入量较少，部分道路路面维护不及时，养护不彻底。城市停车场、车位比较少，因此会出现无秩序停车。这里人口密度较高，所以很容易造成交通拥挤。而且，城市道路设计不完善。由于历史的原因，开封市区的道路路面宽度与标准路面宽度有所出入，次干道和支路对主干道的分流并没有明显效果。

（二）高端酒店相对较少，设施不完善

开封的大型酒店与其他旅游区相比，数量相对较少。就酒店而言，随着城市的发展，酒店内的物品也要升级换代。开封的地下古城墙保存完整，因此，市政府限制了开封市区的建筑层数，导致很多团队不会选择开封进行开发。

（三）旅游资源开发程度较低，对旅游资源的保护意识不足

首先，开封市旅游资源开发还处于起步阶段。它的旅游类型大多是观光旅游，缺乏对游客的吸引力，没有形成规模较大的旅游区。其次，对旅游资源整合的力度太小，对旅游资源内涵和精华部分没有深入挖掘，开发程度低，对旅游业的远景规划不足的现象依然普遍存在。和发达地区的旅游业相比，旅游集聚区和度假区的建设还比较落后，至今都没有一个国家级的旅游度假区。部分景区整体旅游发展规划不够专业，或旅游发展规划不能适应时代需求。一些旅游产品和项目缺少浓厚的中原文化气息，无论是内容上还是形式上，都太过单调，很多景区开发还处于初级阶段，"文化"这一强大的优势并没有得到很好的利用，旅游开发和保护的整体水平不高，多处历史遗迹只是简单地根据历史还原，并不能使游客深入地体验景区的独特性，感受不到游览的乐趣，不能参与其中，游客只能匆匆地来，又匆匆地离开。

开封市人文资源历史悠久，文物需要用心保护，但是有部分旅客缺乏必要的保护意识，乱刻、乱划现象依然存在。一些景区景色虽美，周边环境却不尽如人意，生态管理缺位，在旅游资源开发过程中，不重视生态文明建设，在很大程度上降低了对游客的吸引力，也减弱了其在旅游市场上的竞争力。

（四）餐饮硬件设施水平和从业人员素质有待提高

由于历史因素的影响，开封经济的发展远远落后于沿海地区，而政府的财力是有限的，因此，在旅游业的资金投入上也很有限。相比于其他旅游业发达的地区，这里的餐饮、旅行社等硬件设施的水平不高，早已不能满足经济不断发展下人们的需求。除此之外，在人才的引进和人才的培养方面有着很多的限

制，由于此导致开封旅游业的高级管理人才、高水平导游和外语导游人才的匮乏。素质较低的服务人员很难适应对国际化旅游名城建设的发展目标需要。

开封是一个旅游城市，要发展旅游业，就一定要具备健康的饮食环境。小吃作为低端消费食品，经常可以在道路两旁见到，而由于车辆和行人来往较多，因此，就餐环境不够理想。餐饮服务业从业人员的服务态度和服务意识不足，素质有待提高。其中，鼓楼夜市的表现最为明显。根据调查，开封当地的人很少去鼓楼夜市消费，来这里的顾客以外地人为主，这与其价格高、态度差密切相关。

（五）娱乐与购物未形成规模

开封作为历史名城，有小宋城、古城墙、小吃夜市等设施，以及复古的游行和表演。这里的休闲类娱乐有人民公园的击鼓表演、东京海洋馆和景区内的巡回演出。但是，开封还没有大型的娱乐场所。由此，我们不难看出，作为农业大省的地级古都，开封具有浓郁的娱乐色彩，但其他品类由于受经济发展的限制，还没有形成自己的体系。

开封市的旅游商品销售收入作为旅游经济收入的重要组成部分，其仅占旅游总收入的15%左右。旅游商品包装不精细，是影响开封特色工艺品和食品销售的重要因素。而且，已开发的产品种类单一，缺乏统一的管理和组织，没有打造出"拳头产品"，不能形成品牌效应。

（六）开封市旅游公共信息服务平台建设不足

旅游公共信息服务的信息化水平较低，使得资源无法得到充分利用。虽然旅游网站在旅游宣传工作中起到了一定作用，但信息化的程度还较低，旅游资源得不到充分利用。旅游标准化、信息化与数字化建设较为滞后，一些旅游企业还没有形成网络化运模式，因此，无法有效地满足游客自助游和自驾游的需求。

五、完善开封旅游公共服务基础设施的建议

（一）构建通达完善的现代旅游交通基础设施网络

在现有公共交通服务的基础上，高度重视旅游交通规划建设，以高速公路、铁路客运专线为主，以干线公路、城际铁路、景区专用道为辅，建设综合

旅游交通网络，实现高铁、公路、景区交通无缝衔接，使游客尽可能地零换乘，为其出行提供方便。

进一步完善旅游道路标志、旅游咨询服务场所等基础设施。支持重点旅游城市建设旅游呼叫中心，开通观光巴士，完善公共服务体系建设。

解决景区内部旅游线路的设计、建设在合理性和安全性上存在的一些问题。主要的旅游交通环线和交通体系的建设也应趋于合理化。

（二）建设高端酒店，完善旅游餐饮布局

继续加大旅游公共服务基础设施的投资力度，增强公共基础设施的服务功能。一个地区旅游业发展的质量不在于旅游企业自身，而在于政府为了吸引投资和吸引高端酒店所供应的公共产品的数量和质量。随着郑汴一体化的发展，郑开大道和郑开之间城际轻轨的开通使两地间通行时间缩短，不仅为开封带来了大量的游客，还使得开封的酒店发展面临新的挑战。相对于郑州来说，开封酒店的发展还处于起步阶段，因此，很多来开封旅游的游客通常会选择留宿在郑州。开封旅游收入大部分来自门票的收入，因此，高端酒店的建设已刻不容缓。

旅游目的地除了旅游吸引物，还包括其他配套设施。比如：各类游乐设施、公共景观设施、休闲绿地、金融服务设施、卫生设施（垃圾桶、环保厕所），以及风景游乐设施（观光亭、休息椅）。加强城市和景区的卫生设施建设，增设观光亭和休息椅等设施，可提高游客满意度。

（三）加强文物保护意识

人文景观是开封市旅游资源的重要组成部分，需要加以保护和积极地开发。这需要政府、相关工作人员与媒体共同努力，利用高科技手段增加其对游客的吸引力。完善文物保护制度，通过多种宣传方式增强人民群众的保护意识，对受损文物进行修复与保护。

（四）创建规范高效的现代旅游服务体系

规范本市范围内的旅游服务，建立良好的旅游市场秩序，执行国际认证质量标准，全方位推行标准化的服务。鼓励各景区按照国家标准创新升级，提升景区的品质，促进吃、住、行、游、娱、购六要素协同发展。例如：鼓励高星级酒店改善配套设施，提高酒店的服务水平和接待能力。

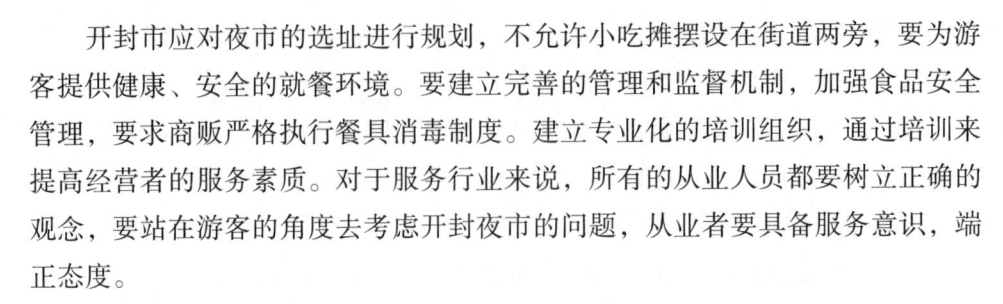

开封市应对夜市的选址进行规划，不允许小吃摊摆设在街道两旁，要为游客提供健康、安全的就餐环境。要建立完善的管理和监督机制，加强食品安全管理，要求商贩严格执行餐具消毒制度。建立专业化的培训组织，通过培训来提高经营者的服务素质。对于服务行业来说，所有的从业人员都要树立正确的观念，要站在游客的角度去考虑开封夜市的问题，从业者要具备服务意识，端正态度。

（五）完善娱乐与购物中心

建议对开封文化娱乐设施加以维护，修复受损建筑，突出开封的特色景观，加大宣传力度。发展娱乐类旅游，建设游乐园等娱乐场所，打造开封市良好的市容市貌。旅游购物的发展是旅游成熟的标志。开封作为古都，在中国历史上享有盛誉。由于它具备众多的旅游景点以及深厚的文化底蕴，所以吸引了大批的游客到此游览。此外，要完善和严格执行旅游商品价格监管制度，统一价格，做好售后工作，在市场当中树立良好形象。

（六）应用智慧旅游公共信息服务平台整合旅游景点

利用云商网、银行网点、商户等多方资源，整合云技术、物联网、金融移动支付技术、旅游信息系统、地理信息系统等信息技术，通过智能手机客户端、二维码、语音等方式，为开封的游客提供智能化的旅游营销、旅游管理和旅游交易的综合应用服务。

部分发展较好的景区，如万岁山森林公园景区，可加大"智慧景区"建设，游客可通过智能手机进入景区，用体验景区触摸屏等多种方式进行终端体验，利用定位功能，实现智能化导览、餐饮、娱乐等，通过信息技术来提高服务的质量。

旅游的公共服务基础设施不仅是旅游业的基础性工程，还是向旅游者展现旅游形象的重要载体与窗口。只有完善旅游公共服务基础设施建设，才能适应旅游市场需求的变化，适应河南省旅游业的发展，提升当地旅游的整体形象，进而促进产业的转型与升级。

第四节 地理信息系统在旅游资源空间布局与优化发展中的应用研究——以河南省为例

一、国内外研究现状

国内学者利用地理信息系统（简称 GIS 技术）对旅游资源空间布局的研究主要以城市、省份、区域、全国为研究方向。研究方法主要是数理模型分析和空间分析。有学者对云南省旅游资源分布格局进行了研究，对云南省 4A 级以上景区运用基尼系数、地理集中指数等方法来分析研究区域内的景区分布状况，得出如下结论：交通便利且旅游资源丰富的地区，其旅游资源开发程度越高，旅游产业越发达，带来的经济效益也就越高。

有学者对河南省 4A 级以上旅游景区的分布格局进行了研究，得到了河南省 4A 级以上景点沿国道分布的空间特征和以城市为中心分布的空间特征，以提高游客的旅游体验以及缩短出行时间，为游客选择旅游目的地和自驾游游客的出行线路安排提供了有力的科学依据。

国外对空间格局的认知最初是以经济学中的区位理论为主。随着科技的发展与进步，地理学者们将大量的数学方法、数学模型以及不同学科中对于研究分布格局有用的理论方法应用于旅游资源分布格局的研究。GIS 技术的发展，极大地促进了旅游地理学的研究。外国学者对旅游资源的空间格局的研究主要是利用 GIS 技术进行定量研究，其研究范围以大区域为主，对于省份、城市的研究还比较少，但也有这方面的研究，如拉哈尤尼希（Rahayuningsih）利用 GIS 技术对茂物的自然旅游资源分布进行了研究，并提出了优化该地区旅游资源空间布局的措施[1]；乔斯·鲍尔（Jose Ball）通过研究伦敦市区旅游景观的地理位置与空间结构，得出了游客的旅游喜好和行为特征[2]。

---

[1] 王晓娜，刘熙，邓文胜. 基于 GIS 的泸州市旅游资源分析与评价[J]. 现代农业科技，2010(18)：11-13.

[2] 江金波. 旅游景观与旅游发展[M]. 广州：华南理工大学出版社，2007：78.

二、研究区概况

河南省拥有极其丰富的人文、历史旅游资源，文化底蕴深厚。文物和古建筑数量居全国首位，还有天然形成的丰富的自然资源。截至2020年6月，河南省共有A级景区580家。其中，5A级景区的数量为13个，4A级景区的数量为164个。4A级以上景区共177个，占景区总数的30%。随着近几年经济的快速发展，服务业在第三产业中所占的比重不断增长。同时，河南省大力发展旅游业和相关产业也带动了经济的发展，形成了正向循环。旅游收入逐年增长，旅游业逐渐成为河南省的支柱产业。此外，还推出了多种具有创新性的旅游形式，如：红色旅游、乡村旅游。由于资源、区位、交通、政策条件等方面的优势，旅游业带来的经济效益越来越大。

三、空间分布特征

（一）河南省4A级以上景区总体空间分布格局

现阶段，河南省的4A级以上旅游景区在各市的分布格局极其不均衡。其中，洛阳的景区数量最多，4A级以上景区共有27个；濮阳的景区数量最少，4A级以上景区数量为3个。其数量差值为24个。从总体上看，河南省4A级以上景区在各市的分布呈阶梯状，第一阶梯队列城市4A级以上景区数量在20个以上，第二阶梯队列城市4A级以上景区数量在10个以上，第三阶梯队列城市4A级以上景区数量不足10个，第四阶梯队列城市4A级以上景区数量不足5个。郑州、南阳、洛阳是第一阶梯城市，3个城市4A级以上景区数量和占总数的40%；第二阶梯城市是许昌、信阳和三门峡，4A级以上景区数量和占总数的21%，第四阶梯城市为鹤壁、濮阳、济源，4A级以上景区有17个，占总数的10%左右；其他9个城市位于第三阶梯。

河南省4A级以上景区总体呈现出西边多、东边少的分布规律，分布格局不均衡。4A级以上景区多数分布在豫南、豫西、豫中，而豫北、豫东4A级以上景区数量比较少，表明豫东、豫北的旅游资源发展程度和豫南、豫西、豫中还有比较大的差距。4A级以上景区中，5A级景区主要分布在豫西、豫北地区，而豫南、豫东地区的5A级景区比较少。可见，5A级景区在全省五大区域的分布数量差距很大。

按照旅游资源的本质属性，可将旅游景区划分成自然旅游景区和人文旅游景区两种类型。其中，自然旅游景区大多数分布在豫西、豫西北、豫南的丘陵和山地地区，而且由于河流因素的影响，大多数景区依水而建，只有很少一部分分布在平原地区。人文旅游景区主要分布在豫东、豫中、豫北的平原地带，很少一部分分布在丘陵、山地地带。人文旅游景区在河南省呈十字形分布，以省会郑州为中心，向东延伸到八朝古都开封，向西延伸到十三朝古都洛阳，向北连接殷商古都安阳。从全省整体景区分布情况可以得出，河南省 4A 级以上景区在豫东地区分布很少，这是由于豫东地区的地形以平原为主。除此之外，景区以历史文化底蕴为主，导致新景区发掘潜力低，难以建设富有文化底蕴的景区。以上几点因素造就了河南省 4A 级以上景区在豫东地区分布很少的状况。由此可以看出，河南省的自然旅游景区和人文旅游景区的空间分布特征有着较大的差异。

（二）河南省 4A 级以上景区水系网的空间分布特征

河南省内的河流大部分发源于河南省的西部和东南部地区。河南省年平均水资源总量为 405 亿立方米，由于水资源充沛，所以以水资源为基础建立起来的旅游景区很多，对游客的吸引力也很大。省内的南水北调中线工程是国家特大型水利工程，工程所在地河南省安阳市也是南水北调中线工程的主要汇水区和输水干渠所在地。自工程开通以来，河南段年平均用水量已经达到 8.7 亿立方米。

河南是旅游大省，因此，水体旅游景观是河南旅游不可或缺的一部分。大大小小的河流，联结着部分湖泊和水库。例如，豫西地区的小浪底风景旅游区，豫南地区的信阳南湖湾，豫中地区的驻马店薄山湖都是风景十分美丽的景区。由此可以看出，大多数自然景区都需考虑水资源这一因素，水资源对景区的建设有着极其重要的意义。

从河南省 4A 级以上景区水系网空间分布图可以看出，河南省内景区比较分散，但总体上呈现出沿主要水系分布的趋势。由于河南省西部地区多山、海拔高，因此，水资源十分丰富，是河南省内诸多河流的发源地，同时导致沿水系分布的旅游景区数量众多，在夏季深受旅客的喜爱。由于河南省东部地区的地形以平原为主，因此，沿水系分布的自然旅游景区比较少，人文景区比较多。用缓冲区空间分析法，以河南省主要河流为基础，在河流周围6千米的范围内建立缓冲区，得到基于河流的6千米线状缓冲区。

从以河流为中心的6千米线状缓冲区分布图可以看出，栾川县重渡沟风景区、黄河小浪底水利枢纽风景区、洛阳恐龙谷漂流景区、尧山大峡谷漂流景区、宝泉景区、三门峡黄河公园等都是凭借得天独厚的水资源优势而建立起来的自然景区，占到总数的30%以上。由此可见，水资源对于景区的建设极其重要。特别是既有山又有水的景点，湖光山色，上下照映，对游客吸引力极大。

（三）河南省4A级以上景区公路交通网的空间分布特征

旅游交通基础设施是旅游资源开发和旅游目的地建设的前提，同时是旅游产业发展的前提条件之一。旅游可达性决定了旅游的便捷性与时效性，对旅游出行者有着重要的影响。例如：游客会因交通问题而考虑是否去目的地景点，若交通不便，到该景区游玩的旅客就会减少。因此，对景区的交通状况加以分析并提出相应的优化办法，可以节省到达景区的时间。

河南省主要公路呈现出蜘蛛网的形状，交通四通八达。其中，郑州是诸多道路交会的十字路口，起到了联结河南省内南北交通和东西交通的重要作用。河南省内的连霍高速、沪陕高速、京珠高速、大广高速形成了两纵两横的格局，高速路与不同等级的公路相连接，可以方便地到达河南省内的各市各县的旅游景点，有利于旅游景点的发展与优化。而且，河南省4A级以上旅游景区的分布呈现出一定的围绕着道路分布的规律，多数4A级以上旅游景区分布在公路周边。在交通网络密集的地区，景区的分布也相对密集，可见，旅游景区的发展和建设与交通状况密切相关。我们利用缓冲区空间分析法对河南省内的国道进行分析，以此来研究河南省4A级以上景区与主要道路之间的关系。

通过分析可知，在距离国道2千米半径缓冲区内共有30个4A级以上景区，在距离国道6千米半径缓冲区之内共有75个4A级以上景区，在距离国道10千米半径缓冲区之内共有100个4A级以上景区，占景区总数的56%。以上统计结果表明，4A级以上景区的交通便利程度对景区的发展与建设有着很大的影响，因此，在建设景区时要考虑交通是否便利。

（四）河南省4A级以上景区以城市为中心的空间分布特征

城市是我国行政区域划分过程中尤为重要的考虑因素。城市承载着行政管辖治理的功能，同时城市的发达程度对于政治文明、文化繁荣与经济发展起着非常重要的作用。城市在旅游方面的作用主要体现在其对旅游人员的汇集和分散引流方面。如果一个城市周围的旅游景区数量多，城市的交通便利，基础设施齐全，就会吸引更多的游客来此地旅游。因此，研究河南省4A级以上景区以城市为中心的空间分布特征对景区的建设和发展有着极其重要的指导作用。

通过分析可以看出，在以各市为中心，以10千米为半径的缓冲区范围之内有3个5A级景区，分别是安阳殷墟、开封清明上河园和洛阳龙门石窟；在以10~20千米为半径的缓冲区范围之内有2个5A级景区，分别是驻马店嵖岈山景区和焦作云台山景区；在以20千米~30千米为半径的缓冲区范围之内有1个5A级景区，是平顶山中原大佛；在以30千米~40千米为半径的缓冲区范围之内有1个5A级景区，是洛阳龙潭大峡谷；在以40千米~50千米为半径的缓冲区范围之内有1个5A级景区，是郑州少林寺。综上所述，在距离城市50千米的缓冲区范围之内有8个5A级景区，占河南省5A级景区总数的61%，其余的5A级景区在距离城市50千米的缓冲区之外。我们通过分析所得数据可以看出，河南省5A级景区在以城市为中心的周边分布比较均匀。

河南省4A级景区一共有164个。以城市为中心10千米为半径缓冲区范围内的4A级景区共有28个；以城市为中心，以10~20千米为半径缓冲区范围内的4A级景区共23个；以城市为中心，以20~30千米为半径缓冲区范围内的4A级景区共19个；以城市为中心，以30~40km为半径缓冲区范围内的4A景区共16个；以城市为中心，以40~50千米为半径缓冲区范围内的4A级景区共17个。由此可以得出，以城市为中心，以50千米为半径缓冲区之内的4A级景区共有61个。由此可见，河南省4A级以上景区大部分都在以城市为中心，以50千米为半径的缓冲区范围之内，旅游交通的便利程度对旅游经济的发展起着至关重要的作用，形成了显著的围绕城市发展的格局。

四、河南省4A级以上景区空间分布格局的优化措施

第一，适当建设新旅游景区，充分利用现有旅游资源并调整布局，合理规划新旧景区。笔者对河南省4A级以上景区在各市的分布状况研究时发现，4A

级以上景区在河南省各市的分布数量很不均匀，有的市数量很多，而有的市数量很少。出现这种情况的主要原因是一些城市所在区域自然旅游资源分布比较少，城市的发展不够快，相应的基础设施还不够完善，不能够满足景点建设的需要。对此，可以试行以下优化措施：政府部门加大财政投入，建设新兴景区，宣传已有的景区，并发掘该城市潜在的旅游资源；营造能够吸引企业投资旅游产业的良好氛围，帮助这些企业建设和发展新的旅游景区；大力提升现有景区的服务质量，修建通往景区的快速通道，以提高景区的交通便利程度，提高已有景区的等级。

第二，改善区域交通状况，从而优化景区空间布局。从河南省4A级以上旅游景区在交通网的空间分布来看，河南省4A级以上旅游景区具有较强的方向性分布的特征，并且倾向于沿高等级公路分布。通过对交通网、河南省4A级以上景区的叠加分析与缓冲区分析，我们发现，有一半以上4A级景区位于距离国道10千米的缓冲区范围内，并且大多数为5A级景区。由此可见，景区的建设和规模扩大并长期发展与道路的便利程度密切相关。一般来说，交通越便利，景区的规模就越大，服务质量也也就好，对游客的吸引力就越大。从河南省景区总体的分布情况可以看出，河南省西部地区旅游资源丰富，但离国道和城市距离比较远。因此，在优化空间布局时，要考虑公路和景区之间的关系，不能因离景区太远而导致交通不便，从而影响游客的旅游体验；在开发建设新的景区时，也需要考虑道路交通情况，以便于优化已有与即将建设景区的空间分布格局。

第三，旅游景区的分布应当从集中分布向均衡分布发展。河南省西部地区的旅游资源丰富，东部地区的旅游资源较少，因此，河南省内的旅游景点分布总体呈现出西多东少的趋势。在景区分布比较少的河南省东部地区，应当增加旅游景区的数量或者提升已有低等级景区的服务质量以及景区的规模，从而达到打造更多的4A级以上旅游景区的目的。这样做不仅可以提升景区的质量，还可以带动旅游相关产业的发展。在河南省西部地区，虽然景区数量较多，但是交通不是很便利，因此，需要大力修建公路等基础设施，提高公路的等级并使各等级的公路与景区连通，缩短到达景区的时间。

第四，加强不同区域间的旅游合作，改变传统的景区发展模式。目前，河南省大多采用传统的景区开发模式，不利于形成完整的旅游产业链。因此，应当由单一的景区发展模式逐步转变为集群式旅游发展模式。在开发建设新景区时，也要考虑周围的旅游资源，合理调整周围的旅游资源，实现统一规划。此外，还应当充分利用现有的旅游资源在该区域的优势，使现有的旅游资源能够起到带动新开发的景区共同发展的作用。另外，还应当深挖景区的独特优势，从而提升景区的质量，加强区域间景区的联系，提高景区对游客的吸引力，带动经济的发展。

第四章　旅游资源的管理

第四章 旅游资源的管理

第一节 旅游资源开发管理

一、旅游资源开发管理的内容与主要措施

（一）旅游资源开发管理的内容

在旅游资源开发、利用和保护过程中进行的所有经营、保障、立法、监督、组织、协调、建设、规划等活动的总和，称为旅游资源开发管理。它的基本任务是通过管理的手段对开发活动中出现的各种矛盾和问题进行相应的调整和解决，从而在开发过程中促进社会、经济、环境效益三大要素的相互协调统一，使其发挥出最大作用。旅游资源开发管理的内容包括制定资源开发、利用和保护的相关政策及法规并进行相应监督，建立并健全管理的机构和体制，编制与实施旅游资源开发规划，管理旅游开发活动出现的业务，管理资源开发保护中的技术问题等。

（二）旅游资源开发管理的主要措施

旅游资源开发管理的主要措施如下。

1.建立有效的管理机构与体制

旅游区开发体制中的矛盾积存已久，对旅游资源的开发、建设和保护以及全面开展区域的开发工作形成了严重的阻碍。为了实现统一行政领导、一体化管理，地方政府可以借鉴泰山风景区的做法，组织协调委员会开展调处工作，对旅游区旅游、文物、园林、商业、城建、农林、环保、治安等部门实行统一建制，深入探索有效管理的方法。

2.狠抓规划落实，以规划管理带动其他管理工作

当前，在旅游资源开发的进程中，规划工作引起了人们的普遍重视，但由于规划批准后一些区域对其权威性、严肃性的认识不充分，导致一些不良现象的出现。为了解决这些问题，旅游主管部门应把狠抓规划落实，将其作为整改的第一步，从完善建设设施及贯彻落实规划内容等规划管理工作入手，推动其他管理工作的进行。尤其要确保严格实施土地及建筑管理总体规划，以此推进

资源及环境保护工作的开展。同时，要让有关单位严格按照规划来设计旅游建筑的风格，避免出现因局部旅游环境的不协调而对整体景观造成破坏的现象；要根据地势地貌，及时对不适宜的植被、建筑、水体和土地的空间布局和使用性质进行调整，任何人都不能随意阻碍规划工作的进行；在施工过程中要加强对建筑的管理，施工后要做好恢复植被、复土回填等工作。

3.不断提高开发保护中的综合防治、管理水平

防治管理能力是决定现代旅游区总体管理水平的关键性因素之一。要想解决在旅游资源开发过程中产生的众多不良效应，必须采取综合防治的对策。要想提高综合防治的管理水平，就要在确立资源环境保护工作首要地位的前提下，完成以下工作内容。

（1）对旅游景点的环境和污染进行综合整治，从分项管理的角度出发，建立有效的保护措施。

（2）通过冷热平衡、季节平衡及相应的管理手段和措施，对景点、景区的人流进行调节和控制。

（3）建立并运用科学评估系统、监测预警系统和技术保障系统，使这些系统时刻保持工作状态，向有关管理部门及时、定期地提供预警报告和监测数据，为旅游管理人员决策提供数据支撑。

二、旅游资源开发管理中和谐社会构建战略分析

（一）旅游资源开发管理的经济和社会效应

旅游资源开发与管理的经济和社会效应主要有以下几点。

1.可以提供大量的就业机会

劳动密集型产业需要大量人员，依靠旅游资源开发来发展的旅游业就是这种产业。旅游业在发展过程中需要住宿、饮食、邮政、医疗、交通、娱乐等行业提供大量的设施设备，而配套的设施又需要工作人员来操作，在这个过程中产生了大量的就业机会，而这些行业所需的技术和能力易掌握，这对经济欠发达地区来说十分重要。旅游资源开发的过程中吸纳了大量的劳动力，这对缓解国家的就业压力起到了很大的作用，尤其是对劳动力富余的发展中国家而言，

2. 对基础设施建设具有推动作用

旅游基础设施建设在旅游业中起着相当大的作用，它决定和影响着旅游业的发展水平、规模及方向，而旅游资源开发对旅游基础设施建设起着巨大的推动作用。同时，由于旅游产品的整体性和旅游产业的综合性，旅游资源开发将全面带动旅游地区基础设施建设投资。

第一，旅游业的综合接待能力和各种设施的规模、固定资产的数量息息相关，而旅游资源开发的建设投资规模决定着固定资产的数量。第二，旅游资源开发的基本建设投资是有计划地形成综合接待能力的重要基础，是不断调整和完善旅游业内部结构的重要手段。此外，综合接待能力与基本接待能力的形成，不仅需要旅游业发展与旅游资源开发，还需要其他部门的配合。基础建设对旅游业发展有着重要影响，落后于配套设施的基础建设会使旅游业发展不均衡，从而导致各项设施的接待能力不能充分发挥出来。因而，和其他部门一样，旅游资源开发的基本建设是旅游业发展的重要手段，能够持续发展与扩大旅游业，对旅游业长期发展产生影响。

按照投资方式分类，旅游资源开发可以划分为间接投资和直接投资。间接投资是指水电气的供应能力、污水处理、环境绿化、道路建设、旅游公厕等对旅游业发展有促进作用的城市公共设施投资。它们是确保旅游业发展的前提和基础，也对旅游业的发展具有重要影响。直接投资是指对宾馆饭店的接待能力、旅游物资的供应能力、交通的客运能力等旅游业基本要素的投资。如果要提高接待游客的能力，就必须提升对应基本要素的能力。总而言之，旅游资源开发对旅游基础设施建设的全方位投资有着积极的促进作用。

3. 能够带动相关产业的发展

一个区域的旅游资源如果能够成功开发，不仅会为这个区域带来旅游收入，增加地方的财政收入，还可以通过旅游资源带动其他相关产业发展，增加该地的相关税收收入。满足旅游者在旅游过程中的需求是旅游资源成功开发的前提。要想满足旅游者的需求，就必须调整和改变原有的经济产业结构，尤其是为旅游产业提供直接服务的领域，如：通信、建筑、交通等领域。其他相关部门为了适应上述领域的发展，会对原本的经济结构和区域部门进行调整改变。

4. 能够促进环境保护

旅游资源开发对环境保护具有很大的促进作用。具体表现为以下三点：第一，一些自然资源通过旅游开发能够得到很好的保护。第二，一些古代建筑及遗址通过旅游开发能够得到修复，如我国武汉的黄鹤楼。第三，一些纪念馆通过旅游开发，在原有历史意义的基础上被赋予新的时代内容，以此来吸引旅客。除此之外，一些缺少环境保护资金的欠发达地区可以通过旅游资源的适度开发，将旅游收入作为环境保护资金的重要来源。

5. 能够带来良好的社会效应

优质的旅游资源能够吸引大量国内外的旅游者前来观光，从而加强景区与世界各地之间的交流，增加人们之间的相互了解，加快旅游地社会发展的进度。旅游活动是一种综合性的社会活动，旅游者在旅游地的生活过程中对当地居民产生示范效应，他们将自身的价值观念、行为方式、生活习惯传递给旅游地的居民，可以改善当地居民的生活条件和卫生习惯，使当地居民的眼界得以开阔，生存意识与文化水平得到显著提升，这种改变在青少年中尤为明显。

（二）旅游资源开发中构建和谐社会的基本原则

1. 协调各利益相关者利益

只有从利益协调的源头去进行制度安排和制度创新，才能根本性地发挥各利益相关者在旅游目的地发展中的应有作用，合理的体制往往能引导各利益相关者合理选择利益目标，自觉调整利益需要，正确选择利益行为，科学处理利益关系，从而最终实现和谐互促的利益格局和利益秩序，达到利益的相对均衡。关于利益均衡，意大利古典经济学家帕累托（Pareto）提出了"帕累托最优"的概念，意即在资源配置过程中，当没有谁可能在不损害他人福利的前提下进一步改善自己的福利时，此时群体的资源配置达到帕累托最优，也就是处于一般均衡状态。对于旅游资源开发，帕累托最优指的是这样一种状况——达到旅游企业、各级政府、相关部门、社区居民和旅游者等利益相关者的总福利最大，当其中一方想获得更多的福利时，就必然会损害第三方的利益。显然，在现实的旅游资源开发中，利益相关者的利益均衡并不一定是帕累托最优的，个人理性和集体理性可能存在着矛盾和冲突，进而引发各利益相关者之间的非合作博弈。因此，为了尽可能减少旅游资源开发中的各种利益矛盾和冲突，应

第四章 旅游资源的管理

遵循利益均衡原则，寻找一个利益各方都能接受的方案。坚持权利本位原则，秉承利益协调的原则与价值取向，在承认各利益相关者利益合法性的前提下，通过竞争、体谅、妥协、合作等方式实现综合契约的制度化。一方面通过正式的制度安排确保每个利益相关者参与旅游发展及受益的机会，另一方面通过适当的投票机制和利益约束机制将各利益相关者的利益诉求理性地保持在合理的限度内，在利益相对均衡的基础上有效地激发利益相关者的权利意识和旅游参与的积极性、主动性。

2. 保障各利益相关者权利

考虑到不对等的权利结构会导致利益结构的两极分化，只有当权利对等时，利益结构才会趋于平衡，所以对各利益相关者的权利予以保障是和谐社会构建的又一基本原则。

（1）保障利益相关者的经济权利

经济权利是一定主体依法享有物质利益的权利，是特定主体实现基本权利的物质保障，其内容一般包括财产权、劳动权、劳动者的休息权、物质帮助权等。旅游资源开发中各利益相关者的权利首先表现为追逐经济利益的权利，经济权利的保障与维护是前提，其他权利都可看作经济权利的派生。各利益相关者无一不是经济利益的追逐者，他们为了各自的利益纷纷展开对社会增量利益的争夺。只有通过制度对各利益相关者之间的经济权利及由此形成的利益关系进行重新定位，对人们利益行为范围进行重新划定，才有利于实现利益协调，顺利地促成各利益相关者的持续合作。

（2）保障利益相关者的政治权利

政治权利是一定主体依法享有参与国家政治生活，管理国家以及在政治上表达见解和意见的权利。在旅游资源开发中，各个利益相关者作为拥有法人资格的"人"，应在决定旅游资源的使用与利益分配、选择公共权力的行使者、监督与制约公共权力的行使等方面拥有相应的政治权利。这是影响乡村旅游社区发展进程的政治因素，必须予以保障。

（3）保障利益相关者的文化权利

文化权利是一种涉及身份认同、各利益相关者保存其特定文化的权利。文化权利一般包括：文化认同的权利、参与文化生活的权利、接受教育和培训的权利、信息权、文化遗产权、创造性活动和知识资产的权利、参加文化策略的

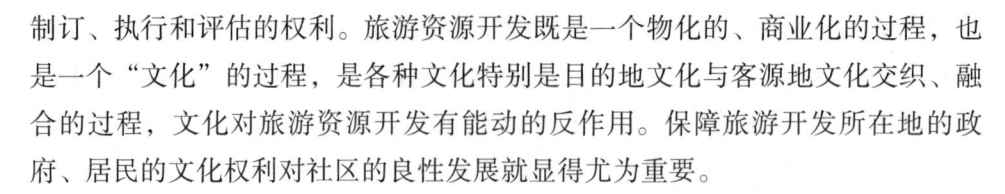

制订、执行和评估的权利。旅游资源开发既是一个物化的、商业化的过程，也是一个"文化"的过程，是各种文化特别是目的地文化与客源地文化交织、融合的过程，文化对旅游资源开发有能动的反作用。保障旅游开发所在地的政府、居民的文化权利对社区的良性发展就显得尤为重要。

（三）旅游资源开发多元化和谐治理模式

在传统的旅游管理体制中，政府不可能完全地代表真正的公共利益，因此，一些学者提出了完全由社区主导的旅游社区发展模式及私有化、市场化的旅游社区发展模式。但笔者认为，应该倡导多元化、分权与参与相结合的现代治理理论为我们提供了一个值得借鉴的制度框架和管理模式。

和谐的旅游资源开发模式应该构建包括政府、旅游企业、旅游者、社区居民等在内的多元化治理模式。它是指旅游资源开发中各利益相关者共同管理旅游发展事务诸多方式的总和，是协调各利益相关者之间关系并采取联合行动以实现旅游业可持续发展为目的的制度安排。它强调以下三个方面的特征：其一，其利益主体是多元的，包括相关政府及管理机构、旅游企业、社区、旅游者等多个中心；其二，其运作方式是各利益相关者共同参与、相互合作并协调、整体认同；其三，其目的是在兼顾多方利益的前提下实现旅游业的可持续发展。

多元化和谐治理模式的本质特色在于其治理并不完全依靠政府或其他某一方的权威，而是在承认各利益相关者各自不同的利益目标的前提下，鼓励彼此之间在参与公共政策制定和执行过程中的互惠与合作，进而依靠多种主体互相发生的影响来实现治理的目的，各利益相关者在平等的基础上通过沟通交流、对话合作、谈判协商达到利益的整合及和谐社会的构建。依据各利益相关者的不同角色定位及利益特征，这一多元化和谐治理模式的运行理念是政府引导、社区参与、企业管理及多方协作。各利益相关者的均衡点在于旅游目的地的整体发展和收益提高，这样才能使可分配的资源更多，更多的利益相关者受益，即通俗所说的"只有把蛋糕做大，每个人才能分到更多的蛋糕"，并且尽可能在各利益相关者之间建立一种平衡关系和制约机制，达到经济、社会和环境的和谐统一。

第二节　旅游资源质量管理

一、旅游资源质量管理的内涵

（一）旅游资源质量的内涵

旅游资源个体或组合体固有特性满足需要的程度，就是旅游资源质量。它与一般意义上的工业产品质量有所不同。旅游资源在生产过程中不需要经过化学、物理作用而发生形态、结构和功能方面的变化，只要对其环境条件、接待设施、进入性等外部条件进行适当的变动，就能供旅游者游览并进行质量评价。

旅游资源质量具有三个要素，分别是旅游资源价值功能、结构规模和类型特色，还可以具体分解为价值度、奇特度、完整度、规模度、组合度、审美度等诸多方面。由于学者对其所持的观点不同，不同旅游资源中含有的旅游要素也不同，所以需要对旅游资源开发管理中遇到的具体情况进行具体分析。

（二）旅游资源质量管理的内涵

在日趋激烈的旅游业竞争中，旅游的质量问题越来越被人们所重视，特别是在以企业化经营为主的酒店与旅行社管理中，广泛应用了顾客满意理论和全面质量管理。但由于种类复杂，数量繁多，人们并没有对旅游资源质量管理问题给予足够的重视。

旅游资源质量管理在旅游质量管理中处于核心地位，它的基本内容是保护和开发利用旅游资源，对旅游资源开发利用的程序（或过程）以及旅游资源的质量等级、质量特性和质量要素的分析。旅游资源管理不能只局限于旅游资源，还要对旅游环境进行考虑。由于旅游资源的特性有别于其他的物质资源，因此，旅游资源管理具有以下明显的特征。

1.旅游资源管理主体的类型杂、层次多

由于自身的区域性、分布广泛性和空间固定性的特点，旅游资源在所有权上的界定，资产化上的管理通常比较困难，并且在保护和开发利用中所涉及的利益和责任关乎多个组织和个人，这使得旅游资源管理协调困难、标准不一。

2. 旅游资源管理客体复杂多样

只要活动、现象和事物等具备旅游吸引力的特点，就可以称之为旅游资源。旅游资源管理客体即旅游资源本身要想有效保护不同种类的旅游资源，达到效果最优化，就要在旅游资源的规划、开发和经营以及分类、调查和评价等方面，既要考虑如何建立规范化和系统化的管理，又要根据当前的具体情况来选择经营方式。

3. 旅游资源管理目标具有特殊性

旅游资源管理把有效保护旅游资源、让其开发利用达到最优化作为自身的具体目标，把协调好环境、社会、经济效益三者之间的关系作为最终目标。其和一般的营利性组织管理不同，不能只追求利润最大化。

4. 旅游资源管理手段具有多样性

旅游资源的具体管理手段多种多样，包括政府首选的政策方式、法律方式，企业首选的标准方式、规划（或策略）方式，社会首选的教育方式等，形成多措并举的管理局面。

二、旅游资源标准质量管理

（一）标准与标准化

质量作为人们共同遵守的准则，通过有关方面的一致协商，经相关主管部门批准后，以特定的形式进行发布，把实践经验、科学与技术当作前提，对一些重复性的概念和事务进行统一规定。《标准化工作指南　第1部分：标准化和相关活动的通用词汇》认为，标准是规范性文件的一种，目的是在一定范围内获得最佳秩序，经协商一致后进行制定，由相关公认机构批准，供大家重复使用与共同使用。《技术性贸易壁垒协议》则认为，标准是一个提供特性、规则或者指南的文件，它的服务对象是产品及其生产或加工方法，它以反复使用或通用为目的，被公认机构所批准，具有非强制性的特点。

根据内容，可将标准分为三种，分别是工作标准、管理标准、技术标准；根据层次，可将标准分成六种，分别是地方标准、行业标准、国家标准、企业标准、ISO标准、区域标准。标准不仅在质量上对产品、工作、管理的准则进行衡量，还成为组织技术（尤其是企业技术）、管理和生产等工作的凭据。

可以通过以下三个方面对标准化进行理解：①其主要内容及基本任务是制定、修订和实施标准，具备过程性的特点。标准和标准化两者之间相互影响，前者是后者活动的产物，后者需要通过前者的实施来体现自身的效果。②其目的是改善过程、服务及产品的适应程度，促进技术合作，消除贸易障碍。③标准化所建立的规范具有反复使用和共同使用的特点，不仅针对目前存在于表面的问题，还针对隐藏在内部的问题。

（二）标准质量管理

在旅游业中，标准质量管理的应用主要表现为旅游设施设备、旅游环境、旅游服务、旅游资源的管理标准化。其中旅游资源的管理标准化，是指根据旅游资源的旅游业发展需要、稀缺程度、分布特征、类型级别以及集聚程度，建立并依据相关的规范和标准，对旅游资源进行分类分级保护、分类分级评价、分类分期开发，并且让旅游资源的管理组织通过质量标准，甚至以法律法规形式加以经营管理。

旅游资源标准质量管理最显著的特点体现在管理对象的独特性上，包括质量等级评价、旅游资源的类型结构与经营管理过程的标准化，而不是一般的产品服务或者物质产品的标准化。但由于旅游景观产品的原料是旅游资源，后者向前者的转化是设施、环境、可进入性等发生条件和美学装饰等外观方面发生改变，所以对旅游资源质量的标准化管理，也是对旅游产品质量的标准化管理。在旅游景观产品质量中，标准化管理的涉及面主要是对经营管理行为进行规范约束以及对景观的登记、类型与组合等多方面的技术评价。

在旅游资源的经营管理方面和保护利用方面，标准化具有重要的意义。它有利于旅游资源保护和经营方面的区域性甚至国际性交流；有利于旅游资源管理组织，包括企业、社区、政府对旅游资源保护与经营的规范化，增强可操作性，减少盲目性，增强保护性，减少破坏性；有利于旅游资源保护方面的责任相关方、旅游资源利用方面的利益相关方在统一的质量标准和法律法规下进行协调；有利于旅游资源的分类分级管理以及明确旅游产品的市场定位。

旅游资源的标准管理主要体现在两个方面：一是将保护旅游资源的过程标准化，这需要在旅游资源等级及类型中建立相关的标准体系，在旅游资源保护中形成相应的技术指标，是标准化在技术事项上的体现；二是将开发利用旅游资源的过程标准化，这需要在实现第一个方面后，在旅游资源的经营过程中建立相关的标准体系，形成具有"质量循环"特点的旅游产品过程管理模式，是标准化在工作和管理事项上的体现。

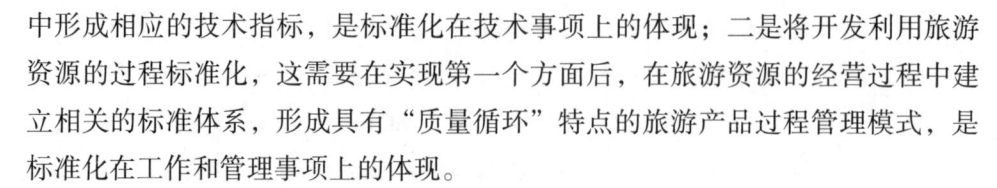

1. 资源类型标准化（技术标准）

旅游资源的类型多种多样，要求针对旅游资源的经营管理，制定符合旅游资源分类要求的国家标准与行业标准，然后依据这些标准，对旅游资源进行调查、保护与开发利用。

2. 质量等级标准化（技术标准）

在旅游资源中，分期开发及分级管理依据质量等级标准化、质量的要素和特性以及与它密切相关的自然环境因素，对旅游资源进行等级划分，形成相应的等级标准。根据不同内容，旅游资源质量等级标准可划分为三个部分：①依据旅游资源共有因子建立旅游资源的综合评价赋分标准系统，形成旅游资源的分类；②对于不同基本类型的旅游资源，依据各自的质量要素与特性状态，建立质量等级标准；③对于影响旅游资源质量的旅游环境建立质量等级标准。

3. 经营过程标准化（工作与管理标准）

旅游业是一个既提供服务又对风景进行"加工与出口"的产业。产品生产过程从调查旅游资源开始，到形成旅游产品，这个过程大致包含了四个前后关联的阶段，分别是旅游资源及其环境与开发条件的调查、旅游区规划、旅游产品开发和旅游景区运营，整个产品生产过程都要在保护旅游资源的基础之上进行。为了实现开发效益的最优化，对旅游资源进行有效保护，在各个阶段中，不仅要建立对应的工作标准，还要建立对应的管理标准。

（三）旅游资源标准质量管理的实施

1. 实施主体

在旅游资源管理中，制度的制定、执行与监督是标准化工作的主要内容，但具体由哪些组织实施，需要根据各国的市场经济成熟程度来决定。一般来说，政策和法令的制定与执行应该由政府主要负责，标准的形成和推广由龙头企业和行业组织负责，研究成果由学术界提供。在我国，制定法规、标准并对其实施与监督等，全部是由国家政府部门负责。

近期，相关的实践证明，在民间机构不发达、经济不成熟的情况下，由政府主导标准的制定、执行和监督还是相对可行的，可以参照成功实施的饭店星级评定与旅游点（区）两项标准。文物、林业、水利、园林、建设、检验检疫与质量技术监督等国家旅游行政管理部门及其相关职能部门，不仅要建立健全相关的标准体系，还要对业务管理进行指导。与此同时，旅游资源的经营者和所有者也要积极参与其中，涉及民俗、旅游、历史、建筑、考古、地理、园林、环境、地质、水利、林业等专业领域的科研院所及高等院校、各行业的协会及学会，还有提供智力与技术支持的相关民间组织，在政府、社团、院校、企业四者间形成"自下而上"与"自上而下"的互动局面。

2. 实施过程

在旅游资源管理中，标准化工作在整个过程中一直在不断完善，具体过程如下。

①全方位调查和国内旅游相关的方面；②在旅游资源的分类分级评价上，制定相关的等级指标和项目依据，并形成相关的体系；③对各个地区、各个类别的旅游资源（包括各个级别、各个类别的旅游景区和景点）——进行等级划分和等级评定；④针对旅游资源的定型定量，颁布相关的国家标准，并用法律法规的形式确定下来；⑤在国家级与省、区、市级的旅游资源中，建立档案管理与信息数据库；⑥在旅游资源管理中，根据保护原则与开发利用实践，形成其经营管理和工作标准，具体可参照《旅游规划通则》；⑦在旅游资源管理中，严格按照管理标准进行保护、开发、利用，加大审批力度与行政执法力度。

三、旅游资源全面质量管理

旅游资源全面质量管理包括利用和保护旅游资源整个过程的管理活动，它将旅游资源质量作为中心，以发挥出旅游资源的综合效益为目标，所有和旅游资源利益有关的人员都纳入其中。该管理活动体现了预防为主、保护第一、持续改进、质量教育、综合效益等众多理念，具体表现为"三全二多一体"。

第一，全方面（管理对象）。旅游资源管理以旅游资源为目标对象，必须把旅游活动、旅游服务、旅游环境、社区居民活动、旅游设施等对旅游资源质量产生影响的全部因素纳入管理。

第二，全过程（管理环节）。对旅游资源从调查到运营的整个过程进行质量监督，确保能够有效保护旅游资源，实现开发利用的最优化。

第三，全人员（管理主体）。和旅游资源利益有关的所有人员，包括社区居民、地方政府人员、经营者、旅游者、所有者等，都应参与到旅游资源保护的过程中，并且共享在旅游资源中得到的利益。

第四，多方法。通过采用多种手段，包括政策法律、科学技术、宣传教育、规划、标准等，来确保质量管理活动的顺利进行。

第五，多层次。旅游资源管理设计层面的决策需要多层面协调，包括景区层面、社会层面和政府层面，这是由于涉及层面可能具有景区性、区域性，甚至全球性。

第六，一体性。需要建立一个完善而有效的质量管理体系来实施质量管理，尤其是通过有效的组织体系制定质量方针（经济、社会和环境效益）和质量目标（有效保护和开发利用最优化），进行质量策划、质量控制、质量保证与质量改进。根据PDCA（plan，计划；do，执行；check，检查；act，处理）循环，可将旅游资源全面质量管理分为四个部分，分别是质量管理、质量规划、质量提升和质量保障。

（一）质量规划

旅游资源管理始于旅游规划，旅游业发展方向是由旅游规划中的发展规划所决定的，旅游区旅游环境建设和旅游资源开发与利用的前提是进行详细规划和总体规划。旅游规划作为旅游质量循环的起始点，旅游产品的质量将受到旅游规划的质量及其执行情况的直接影响。利用全球定位系统、地理信息系统、遥感等新技术对旅游资源和旅游环境的变化进行监控，是保证旅游规划质量的前提条件。在一定时间段内，旅游规划具有动态的特性，即要适时对旅游规划进行修编。旅游规划作为旅游资源管理组织的起点，必须对其给予足够的重视，推动旅游规划质量不断提高。

（二）质量管理

旅游资源管理的关键和难点在于建立质量责任制，而管理主体（组织）的功效又是建立质量责任制的关键。旅游资源较为复杂的管理组织构成，需要针对管理组织中的每一个部门、每一位员工，在全面质量管理中明确规定其权限、职责和具体任务，使得每件事都有人管理，每个人都有专职责任，处理事务有标准，工作进程有监督。从景区管理的层面考虑，管理的制度化需要依据自身实际情况，以及和旅游资源有关的国家与行业标准、国家法律法规；从行业管理的层面考虑，相关国家及业务主管部门和有关行业及组织要主动推进旅游资源标准化管理的进程，而政府尤其是地方政府要依据因地制宜的原则，制定符合当地旅游资源的管理政策；从社会的层面考虑，有关社会公益组织和新闻机构可以通过宣传教育活动，来培养公民（尤其是社区居民和旅游者）自发保护旅游环境与旅游资源的意识。

（三）质量保障

对于旅游资源管理来说，其法律保障来源于国家对旅游资源的保护，包括立法、执法和司法保护等多种形式。当下，单行法以及相关法律、法规性文件、部门规章和行政法规是我国旅游资源管理法规的主要部分，并且针对文物资源和历史文化名城、爱国主义教育基地和革命烈士纪念地、风景名胜区、森林和草原、旅游度假区和游乐园等方面制定相关管理法规。当下，我国已经颁布了水下文物、环境、森林、草原、风景名胜区等方面的法律法规。根据国家的政策法规及各地区的具体情形，地方政府颁布了适合本地区的旅游管理条例，对旅游资源保护、规划、开发以及经营管理方面的规定，制定得更加详细，如海南省地方政府颁布的和旅游管理有关的条例。

（四）质量提升

旅游资源具有不可再生性与稀缺性，保护旅游环境与资源，是提升旅游资源品质、进行质量管理的前提。旅游资源保护在旅游资源开发利用的整个过程中具有重要的作用，不仅要保护开发中的旅游资源，还要保护经营中的旅游资源，以免游客、经营者、社区居民等有意识或无意识地对旅游资源和环境进行破坏，要尽力保护原生原貌的旅游资源和具有本土特色的旅游环境。在此过程中，可以利用经济、科技、政策、法律、教育等多种手段，保护旅游环境及旅游资源，进而不断对提升旅游资源及旅游产品的质量。

第五章 旅游资源有效管理与旅游业可持续发展

第五章 旅游资源有效管理与旅游业可持续发展

第一节 旅游资源有效管理

一、有效管理

有限的内部资源和不确定的外部环境影响着每一个组织的生存与发展，组织需要达到效率、效能这两个基本的生存要求，并创造自己的竞争优势，优化资源的配置，提高资源的有效利用率。一个组织有效的管理应包含两个部分，即效能和效率。"做正确的事情"和"把正确的事情做好"精准地道出了效能和效率的真谛。一个组织拥有明确且正确的目标，善于用自身的核心能力去解决问题，这个组织就达到了效能的要求；一个组织如果做到投入和产出成正比，以最小的投入获得最大的产出，较高效率地对资源进行分配与利用，这个组织就达到了效率的要求。

二、旅游资源的有效管理

效能和效率是旅游资源有效管理的核心内容。要想提高效能，不仅需要拥有正确、明晰的宏观宗旨，也就是提高综合效益，涉及经济、文化、社会和环境等方面，还应准确地掌握旅游资源利用保护的市场方向。以最小的投入获得最大的回报是效率的要求。最小的投入是指在旅游资源利用保护的基础上，实现资源的最优化分配；最大的产出则指两个方面，一方面是单纯的经济利润指标，另一方面是综合指标，包括社会效益和文化效益等方面，需要提高对旅游资源的永续利用率，更加合理地开发与利用旅游资源。

首先，以合理保护为前提，旅游资源可以开发成旅游休闲活动，也可以开发成旅游者可以购买的特色旅游产品，以此实现其经济效益，表明旅游资源本身具有经济价值。要想实现旅游资源的经济效益，可以从接待服务设施建设与旅游基础设施建设两方面着手，开发旅游资源，形成旅游景区，以供旅游者游玩。可以通过打造大量的旅游项目来延长旅游者在景区的时间，增加其购买服务的行为。

其次，开发旅游产品可以促进旅游资源的社会文化价值的实现。在旅游景区开发的过程中，相关产业随之蓬勃发展，为当地居民提供了很多就业岗位。景区通过赞助或公益活动，政府通过税收，可以促进旅游资源的利益分享。与此同时，在旅游区的开发过程中，旅游资源的历史、文化、科研、审美、休闲、娱乐价值得以体现，在当地居民与旅游者的交流沟通中，促进社会文化的发展。

最后，旅游资源是旅游环境的一部分，旅游环境是旅游产品的承载体，游客购买旅游产品，也需要体验旅游环境。可见，旅游资源经济和社会价值的实现离不开对旅游环境的保护与建设。在旅游资源的开发过程中，需要保护旅游环境中的水体、大气，使其不被污染，确保绿植不被损坏，动物不被捕猎，地面地表不被破坏。为了更好地完善旅游环境，要做到绿化、美化、香化，为社区居民、旅游者建设良好的生态环境，促进旅游资源的环境效益的提高。

三、旅游资源有效管理的实施

（一）建立旅游资源有效管理体系

创建完整且高效的旅游资源管理体系，对公共旅游资源的高效管理来说是至关重要的。

1.旅游资源的范围界定（生态体系）

时间与空间上的固定性是旅游资源的基本特性，在旅游资源管理中，需要明确界定资源的空间位置与保护范围。在空间上，大多数旅游资源难以从自然环境和自然资源中剥离出来。这是因为除了一小部分可移动的旅游资源外，大多数的旅游资源与自然环境、自然资源具有重合性，如依附于土地和地面的附着物，往往与水流、生物、气候等更为宽广的范围联系在一起。在时间上，很多旅游资源表现出相对稳定的特征。

在时间和空间上可以划分范围或者边界。在界定空间范围时，不仅要把旅游设施的系统布局、保护区域的级别划分以及景观的视觉效果考虑进去，还要使自然物理边界与生态系统相一致。在实际工作中，常以山脊为界来划定保护范围。在界定时间范围时，要明确旅游资源什么时段可以观赏利用，什么时段需要保护，如狩猎场等。简而言之，旅游资源和其自然环境形成了一个有机循环的生态系统，旅游资源的清晰划界就是要明确与旅游资源相互依存的生态

第五章　旅游资源有效管理与旅游业可持续发展

系统。这有利于在旅游景区的开发中进行系统的规划与布局，包括旅游活动路线、旅游景点、旅游设施、旅游的活动范围等，有助于优化包括旅游活动、旅游环境、旅游设施在内的旅游管理系统，使其形成良好的生态体系。

2. 旅游资源的权利归属（组织体系）

旅游资源的成功管理还在于权利归属的清晰明确。成功管理的基础是落实到具体的个人或组织，明确责、权、利三者的关系和界限，明确旅游资源的经营权、所有权和行政管理权，使其有法律保障和具体归属。与个人的旅游资源权益归属相比，集体的旅游资源权益归属更要注重分配的公平性和责任的落实力度。公共旅游资源需要进行"三权分离"（所有权、行政权、经营权），在此基础上，形成旅游资源经营组织（旅游景区景点）和监管组织（政府与人大），构建权、责、利清晰的旅游资源组织管理体系。

3. 旅游资源的管理规则（规则体系）

首先，需要明确旅游资源的行政管理者、所有者、使用者三者。其次，需要制定并执行规则，在这个过程中，不能墨守成规，需要因地制宜地进行。这些规则包括旅游资源与旅游环境管理制度，以及政策和法规。前者由旅游企业制定，是提供优质旅游产品的保障；后者由地方政府和人大制定，进行政策引导和法规监管。在制定规则时要注意以下四点：①吸收利害相关方的建议和意见，即企业在制定规则的过程中，要积极调查整理游客、当地居民、旅游活动经营者、政府等利害相关方的建议和意见。②政府和企业制定的规则应具有地方性，因地制宜，不要影响当地发展，尊重相关习俗，如牧民对草场、山民对森林、渔民对渔区的保护习俗等。③政府和企业制定的规则要具有稳定性，支持旅游资源的经营者购买长期经营权，以连续经营。④政府和企业制定的规则要具有系统性，操作简单，执行力度高。

4. 旅游资源的管理协调（协调体系）

旅游地居民、游客、政府、旅游活动经营者等众多利害相关者和我国公共旅游管理密切相关，多头管理、条块分割等问题尚未得到解决，这些问题产生的直接原因是旅游资源管理体制的不完善和旅游资源与环境自身特性。这体现了构建协调机制的重要性，需要制定一些具体的措施。比如，景点开发商可以联合利害相关方成立咨询协调机构。

5.旅游资源的质量监控（监控体系）

旅游资源与旅游环境的质量是旅游产品质量的基础，要保证旅游产品的质量，就要引入"质量循环"或"持续改进"理念与方法，建立"调查→规划→开发→运营→测评→再策划→再加工→再运营"的从旅游资源到旅游产品的过程监控体系；旅游企业的管理者与员工要树立质量意识，不断完善并自觉执行有关质量标准；地方政府与人大要不断完善并有效执行政策、法规；社会（学术界、传媒界、旅游者、当地居民）要充分发挥舆论监督作用，形成企业层面（质量标准）、政府层面（政策、法规）和社会层面（舆论）的立体监控体系。

（二）开辟旅游资源有效管理的新途径

人类生活内容丰富，其中最根本的内容体现在工作与休息两方面。旅游，也被称为异地休闲，是休闲的主要内容。有外国学者预测，在未来的25年内，休闲经济会掀起下一个经济浪潮，发达国家和发展中国家会先后进入"休闲时代"。只要社会稳定、经济发展，休闲与旅游就不会停息，旅游资源的开发利用也不会停止，所以"在开发利用中保护，在保护中开发利用"旅游资源成为理性选择。为了更加有效地保护与利用旅游资源，可以发展一些休闲娱乐活动，建设生态旅游景区，开发新兴旅游资源，制定对环境和资源的保护措施。

1.开展生态旅游

生态旅游作为一种概念和实践，早在20世纪80年代就已存在。直到今天，有关"生态旅游"的概念仍然众说纷纭，但主要强调两方面：一是以自然及其相关文化为基础，回归大自然的一种旅游产品；二是旅游活动各方要具备旅游行为伦理——承担环境保护和造福当地居民的责任，促进旅游业的可持续发展。一般而言，判断生态旅游有四个标准：恰当、小规模的旅游方式；旅游吸引物主要是自然资源以及相关的文化资源；旅游目的是取得教育性、学习性、欣赏性、体验性成果；旅游结果是可持续性的。生态旅游本质是一种倡导保护生态旅游资源及其环境的负责任的旅游形式或产品，即旅游活动各方需要具备旅游行为伦理——旅游者负责旅游形式，旅游经营者负责旅游经营形式，旅游地居民负责旅游接待形式，政府负责旅游发展模式（可持续发展模式）。这充分体现了人们对生态资源和生态环境的社会责任感；同时，生态旅游又是以恰当、小规模的旅游方式，开展教育性、学习性、欣赏性、体验性的活动，不仅

第五章　旅游资源有效管理与旅游业可持续发展

可以丰富游客的旅游经历，还能提高旅游质量。

2. 发展休闲娱乐

玩耍是人类和动物的天性，休闲起源于玩耍，在人类从物质需求转向精神需求的过程中得以强化。

休闲早于旅游，且广于旅游。但近代以来，由于大众旅游的兴起，旅游业蓬勃发展，旅游地的人文和自然资源是开发旅游景区的先决条件，但在开发的过程中，暴露出了很多问题，如自然资源的有限性与不可再生性，过度开发严重损害了自然与人文遗迹等，这是开发商对商业利润的追逐和经济扩张的性质导致的。因而，休闲产业就成了未来的产业发展方向，包括文化业、保健业、体育业、娱乐业、旅游业等。几十年前，发达国家为了减少旅游业的压力，就把休闲产业当作旅游业的代替品，以促进旅游业向深度和广度发展。比如，建立休闲会所、文化馆、博物馆、剧院、美术馆、休闲度假区、游乐园、主题公园等。同时，这些措施在客观上也使旅游的内涵得以丰富，经营范围得到扩大，促进了经济发展，多方面满足人民群众的娱乐需求。所以在旅游产品开发的深入发展过程中，需要由旅游（业）走向休闲（业），在继续发展观光旅游的基础上，发展休闲旅游与休闲娱乐；在继续长假长途旅游的基础上，发展周末短途旅游和就地休闲。

3. 发掘新兴资源

大众的旅游需求的多样性，以及旅游资源范围的不断扩大，表明旅游资源是一个相对开放的系统。除了传统的自然旅游资源和人文旅游资源（文物与民俗）外，人类创造的新兴旅游吸引物也不断涌现，其中包括活动事件（文化活动会、体育运动会）、产业资源（特色工业企业、农业园地）、科技资源（科技场所、科技实验）、休闲场所（游乐园）等，这是发展工农业旅游、科技旅游与休闲旅游的资源基础。为了减轻人文旅游资源和自然资源所受到的影响，丰富旅游资源的文化内涵，达到旅游休闲者的要求，需要全方位与多层次地对社会性旅游资源进行开发、挖掘，这是未来旅游业发展的新形势。

现如今，越开越多的外国人来到中国观光旅游。旅游业发展初期，我国以接待入境旅游者为主，这些旅游者对我国的风景名胜和文物古迹赞不绝口。由于国内外旅游规模的快速发展，关于旅游资源的相关概念也在不断扩充。不同的人对旅游资源的理解也不一样，如在农村，高楼大厦并不多见，所以对于农民来说，高楼大厦就是他们的旅游资源；在平原地区生活的人，视山脉、丘陵、沙漠、草原为旅游资源；在山区、草原上生活的人，则视平原为旅游资源。旅游业的形式在快速革新，出现了很多新的方式，直接影响了旅游经济的发展，为相关产业的合作与发展奠定了坚实的基础。通过发展农业旅游、工业旅游、林业旅游、生态旅游、科教旅游、都市旅游，旅游活动进一步渗透到产业的各个门类，促使许多工农业单位的经济快速增长，很大程度上减轻了传统旅游资源的承载压力。

第二节　生态旅游与旅游资源保护

一、生态旅游概念的内涵与特征

（一）生态旅游概念的内涵

生态旅游是一个外来词，它的英文是 Eco-tourism，是 ecological tourism 的缩写。它的英文词冠"eco"具有两层含义：第一，代表单词 ecology，意思是生态，即从生态平衡的角度来说；第二，代表单词 economy，意思是经济，也就是从经济的角度来说。要想使生态旅游顺利地开展，就要尽可能地促进生态的平衡，然后在此基础上，努力使当地人民获得经济效益。

20世纪80年代，加拿大学者克劳德·穆林（Claude Moulin）在书中收录了《有当地人和当地组织参与的生态旅游和文化旅游规划》一文。文中第一次提出和旅游相关的生态学方面的概念——生态性旅游（ecological tourism），这一概念强调了当地人民的参与和旅游资源的保护。1983年，国际自然保护联盟的顾问、墨西哥的专家塞巴洛斯·拉斯库兰（Ceballos Lascurain）第一次提出生态旅游（Eco-tourism）一词。这一概念首次被正式确认是在1986年墨西哥召开的国际环境会议中，至此，生态旅游得到世界各国重视。

随着生态旅游在世界各国的实践和普及，世界各国专家学者从地理、自然、文化、社会经济等角度对其内涵进行了不断的探索。

1. 生态旅游概念的时间演化

在生态旅游概念不断演进的过程中，可分为三个阶段：一是自发意识阶段——古人对景观美的需求和对天人合一境界的追求，培养了人们对山水的亲近与依赖心理。但在此时的旅游行为中，并没有明显地体现出环保意识。进入工业化时代后，以旅游为主要方式的休闲消遣成为一种普遍的经济活动，旅游地以相对自然、简朴的生活方式唤醒游客原始生态意识，使其摆脱城市生活的烦琐和喧嚣。在那时，自然保护区成为旅游热点，而环保意识依然没有得到重视。

起初，生态旅游不管是作为旅游开发商觉醒后推出的产品还是游客觉醒后自发形成的产物，都属于一种纯粹的旅游方式。所以，在最开始对生态旅游进行定义时，都将其归为一种"方式"，和原有的观光旅游等方式是并列的。比如：巴特勒、塞巴洛斯·拉斯库兰对生态旅游的定义，就是这一阶段思想的典型代表。

二是环境保护阶段。20世纪中期以后，环境问题十分严重，人们意识到旅游业的发展并不是一点污染都没有的，如果不对旅游的破坏行为进行控制，就会对自然生态系统造成不良的影响，进而损害当地居民的利益。人们针对这一问题，积极地寻找一种对自然影响最小的旅游方式，至此，生态旅游这一概念被提出，并得到了一定程度的发展。除此之外，还有一些学者提出了绿色旅游、伦理性旅游、自然旅游、冒险旅游、低冲击旅游、可持续旅游、柔性旅游、责任旅游等相关概念。1991年，鲁亚与法雷尔提出的定义是对这个阶段特点的最好体现。[1]

三是可持续旅游阶段。在这一阶段提出的可持续发展思想，对生态旅游概念的发展与充实起到了关键作用，它从更广范围和更深层次为生态旅游立论。但是，从本质上说，两者还是有区别的。与生态旅游相比，可持续旅游是主流的发展模式，是衡量旅游活动持续性发展的准则，是在生态旅游概念的基础上进化了三个阶段的产物，也使生态旅游的内涵更加丰富与完善。它发展了生态旅游的环境观和自然观，并将可持续发展的思想融入其中，从而扩大和升华了生态旅游的概念，并在其基础上实现了可持续发展。随着人们实践的增多和认

---

[1] 黄小丽.生态环境保护建设的意义及措施探析[J].甘肃科技，2021，37(10)：14-16.

识的提高，在生态旅游方式的外衣下，蕴含着更深层次的内涵，生态旅游至此成为一种旅游发展模式。

2. 生态旅游概念的视角定位

从狭义方面来说，生态旅游是基于自然景观和历史遗迹的旅游形式。生态旅游发展到今天，由于人们所强调的角度和重点不同，存在各种各样的定义，其内涵也超越了单纯的自然旅游。从学术研究方面来看，主要从以下三个角度对生态旅游进行定义。

（1）市场和消费行为型概念。这一概念是从旅游业的经营者和管理者的角度提出的，把生态旅游当成一种产品推向市场，使游客置身于没有甚至是不受破坏与干扰的旅游环境当中。生态旅游产品指的是在生态资源的优势地区被开发出来，可以使游客丰富生态知识和体验生态环境的需求得到满足的旅游产品。生态旅游产品开发就是把旅游对环境的不良影响降到最低限度，同时使其正面影响得到发挥。比如，王大悟提出，生态旅游的开发就是为了使经济得到发展，好好保护环境就可以更好地促进并确保生态旅游实现高产出，从而获得高收益。生态旅游产品是高附加值的产品，能够获得更高的利益，而且和大众化的旅游产品根本不是一个档次的，是两种截然不同的产品。[1]

生态旅游属于旅游产品的范畴，这是根据游客的需求提出的，只是将生态旅游作为旅游众多类型里的一种，就是为游客提供特殊经历的旅游产品。以上观点只看到了生态旅游表面的意义，并没有从可持续发展的角度看待生态旅游，只是认识到自然生态环境中的旅游，却没有意识到对自然环境的保护，这是不完整的，是没有认识到生态环境本质的表现。虽然这种理解可以刺激人们的旅游冲动，在短时间里给旅游地带来较大的收益，但从长远来看，这种理解会造成很多不可忽视的问题：第一，在旅游业的市场营销中，"生态"这个词可能会被当作标签而滥用；第二，在经济利益的驱动下，很多旅游开发商只会把生态旅游作为一种噱头，不会顾及其质量和原则而盲目开发，最终导致很多游客蜂拥而至，使生态环境遭到破坏。

（2）持续发展目标型概念。生态旅游是一种旅游发展的理念或者模式，这主要是站在旅游供给的角度来说的。它是旅游资源可持续利用的最好模式，是

---

[1] 马蕾. 生态旅游经济管理的重要性和措施[J]. 西部旅游, 2021(7): 23-24.

以构建和谐的旅游环境体系为核心的。生态旅游着力于"生态"和"旅游"的有机结合，以生态思想引导旅游目的地、游客、旅游系统的良性发展。所以，生态旅游要以解决传统旅游在旅游发展中不能解决的问题为重点，实现社会、经济、生态三者的统一，进而实现效益的最大化。它是一种将旅游开发和环境保护紧密结合在一起的生态经济系统工程。兼顾保护资源与促进经济发展功能的旅游才可以称为生态旅游。在经济社会发展落后、旅游业尚未发展或发展水平低的地区实施生态旅游发展模式的主要目的是，以生态环境的最小代价促进社会经济的发展；对于社会经济较为发达、旅游发展水平高的地区，采取生态旅游发展模式的目的是要摒弃传统的旅游发展模式，从而实现旅游资源和生态环境利用的可持续性。比如：卢云亭提出的概念就属于这一范畴。

（3）行为规范型概念。无论是旅游产品还是旅游发展模式，最终都归结为游客的活动。这种观点认为，生态旅游是一种高层次的旅游消费模式或者行为模式，其主要是从游客的角度来说的。高层次生态旅游消费模式或者行为模式指的是在旅游活动过程中，游客以保护生态环境和自然资源作为价值取向，以生态学原则对其自身行为进行指导，并尽可能地减少游客活动对环境的损害或不利影响。这是对生态环境负责的旅游消费方式和行为方式，属于旅游活动的高层次阶段，它注重培养当地人民和游客环境的价值观，树立其行为规范，采用旅游教育的方式，使当地人和游客树立正确的环境价值观。

行为规范型概念所强调的生态旅游是高端的旅游消费方式或行为的看法先强调生态旅游是旅游活动的一种形式，又给这种活动形式加上义务和责任。这种说法明显是欠妥的，因为作为一种活动形式，生态旅游是无法承担过多义务与责任的。

3. 生态旅游的判断标准

生态旅游概念的不同定义反映了不同学者从不同的角度对生态旅游的看法，这表明生态旅游内涵具有复杂性和丰富性，以及生态旅游概念的概括性和模糊性。因此，不应该将生态旅游看作某个层次的旅游需求，也不应视其为度假产品、观光产品和特色旅游产品，而应将其看作经济社会进步和居民素质提高到一定水平后产生的一种理性游憩行为；其效益体现为社会、经济、生态三者结合产生的综合效益，而不是经济效益的最大化。

（二）生态旅游业的基本特征

1. 生态旅游产品的高品位性

生态旅游产品和组合产品是经过专门设计的，科学信息含量高，与大众旅游产品有所不同。在开发、设计生态旅游产品时，要遵循生态规律和人与自然和谐统一的原则，了解旅游资源的经济价值。旅游供应商要根据当地景区的地理背景，分区域设计景区的生态旅游产品，也就是分景区设计不同的旅游主题，实现景观格局的空间异质性。这些举措都为生态旅游的高品位性提供了可能，也决定了生态旅游的发展方向。

2. 生态旅游的自然载体性

大地理区域以下、生态系统以上的中间尺度就是生态旅游的区域范围。它的功能体现在自然生态过程与游客、经营者和当地居民在人文活动中的相互作用，然后构成空间异质性的区域。所以，生态旅游资源除了纯自然环境或像国家公园、自然保护区这种相对未受干扰和破坏的自然区域，还包括部分生态旅游地的人文风光。生态旅游基本上依托这两类生态旅游区，这说明这类旅游从本质上来说，具有自然环境与旅游者有机结合的特点，而自然环境永远是旅游者的出发点和载体。

3. 开发利用的可持续性

生态环境与生态旅游资源为生态旅游发展提供了物质基础，对旅游资源与环境的保护是实现旅游业发展可持续性的必备条件。生态旅游的发展以生态旅游地为载体，以生态环境的容量为基础，旅游经营者、旅游管理者、游客和当地居民都要认识到旅游环境容量的含义，以保持旅游资源不被破坏，从而实现可持续利用。

4. 生态旅游的环保性

生态旅游的性质决定了生态旅游活动必须是环保的，生态旅游对环境保护的作用要在旅游业的各个方面都有所体现。生态旅游的发展要以具备这个条件的自然区域作为基础，开展旅游活动时，也要以不对生态环境造成破坏为前提条件。对旅游规划者来说，环保性表现为在开发和设计旅游产品时，要遵循自然生态规律和人与自然和谐相处的原则；对旅游开发商来说，环保性表现在最大程度地意识到旅游资源经济价值，将其纳入成本核算，开发规划时先考虑科学性，再谋求投资效益的可持续性；对于管理者来说，环保性表现为在资源环境容量范围内进行利用，杜绝短期效益的获取，谋求可持续性发展；对于游客来说，环保性表现在环保意识和自身素质的提高上，要珍惜大自然为人类提供的物质价值和精神价值，养成保护旅游资源的习惯。

5.生态旅游的小规模性和简单性

作为大众型旅游的替代活动，生态旅游的具体发展不能像大众型旅游那样在大规模的集体活动中进行，而应以使游客融入环境的方式进行。如此，可避免因旅游活动的过度集中而增加当地环境的压力，甚至超过当地环境承载能力的最大限度，造成生态破坏，对当地野生动植物的生长和繁殖造成影响。因为生态旅游活动追求亲近自然、回归自然，所以生态旅游者对旅游地的服务条件不会有太高的要求，以简单低调、户外生活为基本需求。不过，这并不意味着生态旅游者在消费需求上比较低端，更不意味着只给生态旅游者提供低档次的服务产品就可以。实际上，广泛性的生态旅游市场不仅决定了中高端市场的客观存在，也为生态旅游地经营高端服务产品提供了可能性。但需要注意的是，那些提供高端服务产品的生活设施和其他接待设施要建设在自然景区外，也可以集中建设在对自然环境影响较小的指定区域。

二、旅游资源保护

（一）旅游资源保护概述

1.旅游资源保护的概念

旅游资源保护是指保护资源的固有价值，使之不受破坏和污染，保持自然景观和人文景观的原有特色，对已损坏的旅游资源进行治理。

旅游资源保护包括保护旅游资源所形成的景物、景观、环境和意境。其中，景物就是奇松异石、林木植被等自然风景，以及古今人为建造的活动物体、历史文物等。景观就是与景物并存的"画面"，包括衬托景物的其他次要的景物。环境就是景物存在的空间环境。意境指的是环境氛围，即环境给人的感受。

旅游资源是开发旅游业必备的条件之一，是旅游产品的重要组成部分。如果没有旅游资源，旅游业存在与发展的基础也就不复存在。旅游资源非常脆弱，往往会遭受不同程度的破坏。有些破坏能够在一段时间后自我修复，而有些破坏是无法自行修复的，其损失是无法挽回的，也会削弱和降低旅游地的吸引力。因此，对旅游资源进行保护，也就是保护旅游业的发展。

旅游资源包含的范围非常广泛，既包括大自然赋予的自然旅游资源，又包括由人类活动所创造的人文旅游资源。自然旅游资源是生态环境的重要组成部分，人文旅游资源是重要的文化遗产。旅游资源保护对生态环境和旅游文化来说具有重要的意义。

2. 旅游资源保护的内容

（1）保护旅游资源的真实性。所谓真实性，就是指旅游资源的"原汁原味"。从认识层面上讲，对旅游资源的保护，最高级的应该是"原封不动的保护"，其次是"可以利用的保护"。但是，要进行旅游活动，就不可能"原封不动的保护"。因此，从实践的角度来说，旅游资源的真实性在不经意间已经被打破了。例如，修建泰山索道就严重破坏了泰山这一宝贵旅游资源的真实性，最终导致一系列的负面效应。

（2）保护旅游资源的完整性。完整性指的就是旅游资源的内容以及范围上的完整性。比如：北京明十三陵是中国陵墓文化的典型代表，在文化概念上具有完整性，在相应地域上具有关联性。可以简单地理解为，在申报世界文化遗产时，十三陵是作为一个整体进行申报的，因此，十三陵是缺一不可的。再如，泰山的文化价值体现在封禅以及世代歌咏、吟咏文化"同为一体"。与登山路线格局的变化相结合，泰山的封禅祭祀有三个阶段：准备、登高、到达仙境，这突出了在概念上文物与实物相伴的完整性。而前面提到的泰山索道缩短了游客登山的时间和路程，破坏了泰山文化的完整性。

3. 旅游资源保护的原则

要想保护旅游资源，第一步要找出是什么因素对旅游资源造成了破坏。从宏观上看，体现在以下两个方面：一是自然环境的变化带来的破坏；二是人为因素造成的破坏。所以，在保护旅游资源时，既要对旅游资源本身进行保护，又要对旅游资源赖以生存的生态环境进行保护。除此之外，还应遵循以下三个原则。

（1）开发与保护"双赢"原则。旅游资源的保护和开发是相辅而行、有机结合在一起的矛盾的统一体，两者不可分割。旅游资源只有得到很好的保护，才更具开发的价值，而开发利用又能对保护工作的开展起到推动和促进的作用。旅游资源的保护是关系到人类长远利益的大事，但人们常常只考虑眼前的利益，只注重短期的目标，却在生产生活中忽视了对旅游资源的保护，不经过科学的规划和设计就盲目地开发，对旅游业的可持续发展和旅游资源的可持续利用产生了不利影响。当然，开发旅游资源时很难不对环境造成影响，但可以将影响降到最低，坚持发展与保护的"双赢"原则，实现旅游业的可持续发展。

（2）经济、社会与环境效益"三增"原则。人们在积极发展经济、为自身谋取利益的过程中，经济需求的无限性和生态供给的有限性的矛盾日益突出，这就要求人们有效利用旅游资源，以此获得最大化的经济利益。但这种有效的利用如果超过了资源的承载力，就会使旅游资源生态系统的功能下降，其运行与维持的能力也会逐渐下降。因此，在旅游资源开发过程中，不能只片面地追求经济效益，要从人类社会长远发展的角度出发，协调好社会经济发展和生态环境之间的关系。实现景区建设、环境建设与生态建设的同步规划、同步实施与同步发展，做到经济效益、社会效益和生态效益的三兼顾、三统一。

（3）合理规划、综合决策、协调发展的原则。在发展旅游的过程中，对旅游资源的开发利用要综合考虑当地人口、经济、社会、资源与环境的发展趋势，要最大程度地考虑旅游开发的环境和资源的承载能力，严格控制旅游景区的客容量，制定科学合理的旅游可持续发展规划，将旅游设施建设和客流量控制在环境和资源可承载的能力范围内；加强旅游景区建设的环境示范，促进人工设施和区域环境、周边环境和自然环境的协调统一。同时，还要考虑旅游区的特殊功能，保证旅游区的环境质量；要采取法律和行政等措施，消除外部因素对旅游区环境和资源的不良影响，确保旅游和环境协调发展。

（二）旅游资源保护的措施

旅游资源的保护是相对于旅游资源的开发提出来的，它不仅包括对旅游资源本身的保护，还包括对周围环境的保护。因此，旅游资源保护的措施主要体现在以下三个方面。

1.资源保护

旅游业的发展依赖于"大自然的恩赐和社会的遗产"。因此，必须对旅游资源本身进行保护。其具体做法如下。

第一，要完善执法管理体制，建立健全旅游资源保护的法律、法规，及时纠正旅游活动中破坏旅游资源的种种不正当行为，杜绝有法不依、执法不严、违法难究的现象，真正将旅游资源保护工作落到实处。

第二，要重视运用各种科技手段保护旅游资源，同时加强对旅游活动的管理和引导。对于那些会使旅游资源遭受损害的旅游活动，应进行有效的限制；对于某些旅游景区在某些时段内的超负荷运转，应采取有效的措施对游客进行疏导、分流或限制；对游客的旅游行为，要加强管理并建立奖惩制。

第三，认真做好旅游资源的修复和养护工作。某些自然旅游资源对生态环境有较强的依赖性，所以必须搞好生态建设；对于一些文物古迹和历史建筑，可以采用整修复原和仿古重修的方法使其重新"复活"；对于那些露于地表的历史文物古迹，应采用科技手段减缓其风化速度。

2. 生态环境保护

环境是开展旅游活动的依托和基础，旅游业的发展不断塑造并影响着环境。因此，开展环境保护工作刻不容缓。其具体做法如下。

第一，要加强对环境保护的宣传，提高公民的环保意识，积极倡导环保旅游。

第二，要遵循预防为主、防治结合与综合治理的原则，做到防患于未然，并对已形成的环境污染和破坏进行积极治理。

3. 社会文化保护

旅游业发展在带来旅游地社会、经济和文化繁荣的同时，也会带来一定的负面影响。为了避免这种情况，应该加强对旅游地社会文化的保护。其主要做法如下。

第一，要加强民族自豪感教育，复兴传统文化，展现传统文化的独特魅力。

第二，要引导旅游地居民正确对待外来文化，取其精华，去其糟粕，即有选择地吸收先进文化，而不是盲目崇拜、全盘接受吸收外来文化。

第三，可以建设本土文化保护区，避免本土文化受到外来文化的冲击。例如，通过划清外来文化和本土文化之间的界限，把旅游对本土文化的冲击降到最低。

第三节　郑汴洛旅游资源的整合优化实例研究

一、研究区基本情况介绍

本项目以郑汴洛黄河文化旅游带作为研究对象，主要分为郑州、开封、洛阳三个区域。郑州、开封、洛阳是河南省三个重要的文化古都，位于黄河之滨，是中华文化的发祥地，是中华文明不可或缺的一部分。为响应弘扬黄河文化的号召，河南省各沿黄城市积极制定发展战略，共同发展旅游业，建立黄河特色文化旅游带，提升河南旅游业的国际影响力。

（一）郑州市旅游资源概况

河南省省会郑州市地处中原大地，依山傍水，环境优美，西部是五岳之一的嵩山，北边紧挨着黄河，东边是古都开封，举世闻名的洛阳城在郑州的西边。郑州市以丰富的人文资源与多样的自然资源吸引了国内外的大批游客。

郑州市区最著名的景区莫过于少林寺和黄帝故里，黄河游览区也极具特色。根据河南省文化和旅游厅统计，截至2019年9月，郑州市内4A级景区有20个，5A级景区1个。少林寺景区是郑州市内唯一的国家5A级旅游景区，少林功夫和少林文化吸引着大量海内外游客前来参观。少林寺坐落于嵩山南麓，建成于北魏时期。嵩山分东西两部分，东边是太室山，西边是少室山，少林寺建在山脚下，隐藏在密林中，可谓名山藏名寺。

位于新郑市的黄帝故里是全国重点文物保护单位，也是国家4A级旅游景区，占地面积约6.67公顷。黄帝故里是所有炎黄子孙的根。炎黄子孙回到这里，就是回家。每年这里都会举办黄帝故里拜祖大典，在每年的农历三月三进行，这一仪式每年都吸引大量海内外炎黄子孙参与，也有大量的观光者。

黄河是中华文明的发源地，形成了灿烂的中华文化，沿黄河建立的风景名胜区，在保护黄河的同时，开展了黄河生态旅游。黄河景观集自然景观与文化景观与一体，河水波涛汹涌，河岸边绿树葱葱，生态状况良好。黄河沿岸也是黄河文明的历史探寻地，具有极大的文化价值和挖掘潜力。目前景区内建造有文化名人的塑像，如大禹治水塑像、炎黄二帝塑像等。

（二）开封旅游资源概况

开封市位于河南省东部平原地区，北接黄河，西面与郑州接壤，是一个有着宋文化特色的文化古城，有着丰富的文化旅游资源。开封市地处平原，一马平川，黄河距市区不足 10 千米，历史上黄河给开封带来了巨大的水沙灾害，开封市几度掩埋在黄沙之下。在现在的开封大梁门城摞城博物馆可以看到这个奇观。

开封有着 4100 余年的历史，是我国著名的八朝古都，宋文化影响深远，在开封的多个景区内都有人演绎宋代故事，引人入胜。以大画家张择端的名画《清明上河图》打造的清明上河园，就仿佛走进宋代民俗风情的画卷。此外，开封戏曲、木版年画、盘鼓艺术也闻名全国。

（三）洛阳市旅游资源概况

洛阳市具有厚重的历史文化和丰富的旅游资源。历史先后共有 13 个朝代建都于此，可见洛阳市的地理位置优越。

大量的古代诗歌都涉及洛阳城。我们从小学习的诗词歌赋里，有大量洛阳的人物和洛阳的地名，洛阳城留下了无数的历史典故和名著名篇。春秋时期，孔子和老子曾经在此探究过礼义，从洛河里发现了奇书《河图洛书》，直到今天还被世人研究；唐代的诗仙李白和诗圣杜甫都曾在洛水河边饮酒论诗，白居易和元稹也曾在此唱和应答；北宋时期，史学家司马光在洛阳独乐园修成了史书《资治通鉴》，其流传千年。[1]

洛阳牡丹雍容华贵，在封建社会时期，只有皇家贵族才可以观赏得到。如今，牡丹花的栽培种植获得很大提升，每年的洛阳牡丹花卉节都会吸引大量慕名前来欣赏牡丹的游客。

洛阳的水土适合牡丹的生长发育，牡丹在洛阳栽种，是从唐代或更早开始的。关于花王牡丹的传说有很多，人们津津乐道的是武则天和牡丹的故事。故事中说，百花给武则天祝寿时，花王牡丹迟到，武则天大怒，罚牡丹到洛阳城里生活。目前牡丹的种植和培育越来越受重视，洛阳建立了专门的培育基地，对其进行研究。在举办花展的同时，种植可食用牡丹品种，生产牡丹茶饮品，

---

[1] 顾金梅.黄河文化旅游资源开发研究——评《黄河文明与可持续发展文库·旅游资源开发研究——以河南省为例》[J].人民黄河，2020（5）：167-168.

第五章　旅游资源有效管理与旅游业可持续发展

让游客在看花的同时，还可以喝上美味的牡丹花茶，吃上美味的牡丹花饼。这样不但可以带动旅游发展，而且增加了产业附加值，为种植户和培育基地创收。这些基地不但可以带来游客，而且可以很好地进行植物学研究。

洛阳还有大量的名胜古迹，龙门石窟是石刻艺术的巅峰，是中国石刻艺术的瑰宝，学习绘画和雕刻的艺术家为此着迷，在景区旅游时经常会看到很多人观察、临摹这些精美的佛像。龙门石窟景区在洛阳市南部的龙门上，距市区10千米，景区有大量的历史古迹，是宝贵的世界文化遗产。洛阳白马寺是中国第一古刹，在洛阳市东边，距离老城约12千米。

关林庙是关羽的衣冠冢，关羽是众多百姓尤其是三国爱好者心中两大英雄。唐朝大诗人白居易曾长期居住在洛阳，至今在石窟对面的东山上，还保存有他的陵墓——白园。古墓博物馆是我国第一座极具特色的地下式古墓博物馆。千唐志斋博物馆是洛阳著名的墓志石刻群，这里存有的石刻超过1400件，其中唐代时刻最多，是研究唐代历史的重要资料。洛阳著名的自然景观景区有位于嵩县的白云山国家森林公园、位于栾川县的老君山·鸡冠洞旅游区、位于石井镇龙潭沟村的龙潭大峡谷，这些都是国家5A级旅游景区。景区内森林茂密，山峦连绵起伏，雄伟壮观。龙潭大峡谷风景优美，山高谷深，泉水叮咚，引人入胜，是盛夏避暑好去处。

二、调研过程

（一）调研思路

本项目选取郑汴洛黄河文化旅游带作为研究对象，具体区域为郑州市、开封市和洛阳市。通过实地调查、问卷分析，利用大数据和GIS技术，结合高速公路数据、DEM地形数据、水系网络数据等空间数据，对郑汴洛黄河文化旅游带的文旅资源及其基础配套设施进行调查分析。

首先，收集河南省文化和旅游厅发布的各类旅游资源数据信息，包括历年河南省A级景区名单，河南省星级饭店名单及地址，河南省国家级非遗项目名单及地址和传承人信息，还有河南省政府发布的文件，包括河南省内旅游特色村名单及主要特色项目特点、休闲观光园区名称及地址信息、特色生态旅游示范镇的名单及乡村旅游创客示范基地的名单和地址信息等。其次，在调研分析的基础上，建立郑汴洛黄河文化旅游带旅游资源空间数据库，采用数据分析及GIS空间分析方法，对郑汴洛黄河文化旅游带文旅资源进行空间演变特征及整合优化研究，为旅游资源的协同开发和整合优化提供建议。

（二）调研方式与实施

利用问卷调查方式对郑汴洛黄河文化旅游带旅游资源进行调查时，主要采用了以下三种方式。

1. 直接调查法

直接发放调查问卷，当场回收，主要针对不同种类的人群。例如，各阶段的学生，不同地区的公司或企事业单位人员，以及旅游从业人员和旅客，包括旅行社的导游、负责人等。

3. 景区现场调查法

在不同类型的景区处，发放调查问卷和小礼物，让游客填写问卷，如在白云山国家森林公园、老君山·鸡冠洞旅游区、龙潭大峡谷、黄河名胜区、黄帝故里景区发放问卷。

4. 电子问卷调查法

利用微信群及购物群，通过聊天和发红包的方式开展调查，同时利用问卷星、智慧职教制作电子调查问卷，以方便人们作答。

三、优化建议

（一）构建通达完善的现代旅游交通基础设施网络

在交通上加大资金投入，对现有的公共交通服务体系进行完善和改造，从河南省整体旅游业的发展出发，合理设计，把遍布于各个县区的旅游景点联结起来，形成大规模的景区带。对高速公路和铁路客运专线进行规划和建设，将它们作为景区的主干道，方便外省游客入境。在此基础上，对景区内的道路进行修缮，连接城区，方便景区之间的联系，形成景区群。此外，景区内的主要干道要与周边的主要干道实现互联互通，让旅客实现不同景区间的"零换乘"，使其出入景区更方便。

（二）调整旅游产业结构布局

以当前经济的发展和旅游的需求为依据，开封、郑州、洛阳应积极明确本城市旅游的定位和发展方向，杜绝同类型的竞争，集聚旅游带的资源，发掘黄河旅游带的发展潜力，构建旅游产业新格局。根据区域特点，对自身具备的良好的旅游资源进行构建和提炼，从而促使景区实现由门票收入向多种收入的转变。开发新型旅游休闲项目，打造新的旅游景区，提升景区的管理水平和服务意识，从而增强游客的体验感。

进一步完善知名景区的建设，保持市场活力，形成品牌效应，在此前提下，开发新线路和新项目，充分开发和利用现有品牌优势，整合资源，打造特色鲜明的旅游产品和服务。

（三）完善娱乐设施建设，打造历史文化品牌

为了使旅游的附加值得到提高，可以对其文化娱乐设施建设加以完善，及时发现已损坏的设施并加以修复，突出当地的文化特色并加大宣传力度。对文化古都洛阳、开封的文化价值进行深度挖掘，利用历史文化资源来提高其旅游形象，并用深厚的文化底蕴和良好的旅游体验来吸引消费者。

参考文献

参考文献

[1] 陈琴,张述林,胡科翔.旅游资源可持续利用研究框架透析[J].生态经济(学术版),2011(2):193-197.

[2] 崔树强,朱佩娟,吴小双.湖南省A级旅游区景观生态系统格局测度及其特征[J].生态科学,2018,37(2):50-60.

[3] 邓观利.旅游概论[M].天津:天津人民出版社,1993.

[4] 高婧.红色旅游资源的开发与管理初探[J].当代旅游(高尔夫旅行),2017(10):36.

[5] 顾金梅.黄河文化旅游资源开发研究——评《黄河文明与可持续发展文库·旅游资源开发研究——以河南省为例》[J].人民黄河,2020(5):167-168.

[6] 关中美,陈志超.焦作市旅游景区空间结构及优化策略研究[J].湖南师范大学自然科学学报,2013(4):88-92.

[7] 郭培闪,相广芳,王卓理.河南省4A级及以上旅游景区空间分析[J].地理空间信息,2017,15(5):82-84,97,12.

[8] 郭中华.跨区域旅游产业集群探究[J].市场周刊(理论研究),2009(8):22-23,52.

[9] 韩喜露,王晓文.华东地区国家森林公园空间演变特征分析[J].海南师范大学学报(自然科学版),2019(4):430-437.

[10] 胡静,王蓉,李亚娟,等.基于网络信息的民族地区旅游资源吸引力评价——以贵州省黔东南州为例[J].经济地理,2018,38(4):200-207.

[11] 胡巍,武邦涛,张静抒.旅游景区规划与管理[M].北京:北京交通大学出版社,2012.

[12] 姜河,邵飞舟.试议我国森林旅游资源的开发利用与可持续发展[J].防护林科技,2010(6):87-88,91.

[13] 郎富平.旅游资源调查与评价[M].北京:中国旅游出版社,2011.

[14] 李坤宇.分析旅游资源开发与管理[J].当代旅游(高尔夫旅行),2017(12):119,121.

[15] 李跃军.旅游城市与景区资源匹配性研究[M].北京:旅游教育出版社,2016.

[16] 李云龙.浅谈旅游区的全面质量管理[J].经济与管理,2004(4):49-50.

[17] 刘肖梅.旅游资源可持续利用与管理导论[M].济南:山东大学出版社,2010.

[18] 吕德.我国生态旅游资源的分类及利用研究[J].商界论坛,2013(16):264.

[19] 牟槲. 基于 GIS 的利川市山水旅游资源空间区位分析 [J]. 科技创业月刊, 2020, 33（4）: 31-35.

[20] 乔宇锋, 王晓文. 河南省高等级旅游景区空间结构分析 [J]. 商丘师范学院学报, 2019（6）: 40-46.

[21] 尚睿. 可持续发展视野下的旅游资源立法保护探究 [C]// 中国环境资源法学研究会. 可持续发展·环境保护·防灾减灾——2012 年全国环境资源法学研讨会（年会）论文集. 中国环境资源法学研究会议论文数据库, 2012: 953-955.

[22] 陶宇平. 体育旅游资源开发利用与可持续发展 [J]. 中国商贸, 2012（21）: 154-155, 238.

[23] 王换茹, 尹华光. 武陵山片区旅游资源的空间布局研究 [J]. 中国集体经济, 2016（12）: 103-104.

[24] 王鹏. 生态旅游资源的利用及开发研究 [J]. 休闲, 2018（12）: 35.

[25] 王杨, 马媛媛, 张丽娜. 生态旅游资源开发 [M]. 北京: 旅游教育出版社, 2017.

[26] 吴国清. 旅游资源开发与管理 [M]. 重庆: 重庆大学出版社, 2018.

[27] 吴清, 李细归, 吴黎, 等. 湖南省 A 级旅游景区分布格局及空间相关性分析 [J]. 经济地理, 2017, 37（2）: 193-200.

[28] 谢盟月. 郑汴洛 A 级旅游景区空间分布特征及影响因素 [J]. 国土与自然资源研究, 2016（3）: 49-52.

[29] 颜亚玉. 旅游资源开发 [M]. 厦门: 厦门大学出版社, 2001.

[30] 杨振之. 旅游资源开发 [M]. 成都: 四川人民出版社, 1996.

[31] 叶张皇, 杨志, 刘林清. GIS 在龙虎山旅游管理和开发中的应用 [J]. 地理空间信息, 2006（06）: 16-18.

[32] 张春兰, 张江凌. 旅游资源的开发与管理 [J]. 考试周刊, 2017（15）: 189.

[33] 张建朝. 浅析文化旅游资源的开发利用与管理 [J]. 中国经贸导刊, 2012（23）: 77-78.

[34] 张娟. 云南省 4A、5A 级景区空间分布特征 [J]. 区域治理, 2019（36）: 250-252.